日本語とコミュニケーション

滝浦真人・大橋理枝

日本語とコミュニケーション（'15）
©2015　滝浦真人・大橋理枝

装丁・ブックデザイン：畑中　猛

s-41

まえがき

「○△力」という言い方を何かにつけて聞くようになった。「コミュニケーション力」もその典型的な一つだろう。だがこの「○△力」には落とし穴があって，結果として首尾よく「○△」ができた人は「○△力がある」と言われるが，ではその「○△力がある」とはどのような状態のことなのかと考えると，じつは何もわからない。

この本は「コミュニケーション力をつける」ための教科書ではない。それ以前に，コミュニケーションとはどのようなプロセスであり，コミュニケーションにおいて人は互いに何をしているのか，ということそれ自体を対象として，学問的な捉え方の基本を理解してもらうための教科書である。アプローチは学問的でも，記述においてはつねに具体的であることを心がけた。コミュニケーションは決して抽象的なプロセスではないからである。

コミュニケーション学（コミュニケーション論と呼ぶこともある）の入門的な書物はいくつもあるが，この本が他と少し違う特色を持っているとしたら，表題『日本語とコミュニケーション』の前半部分「日本語と」との関わりだろう。コミュニケーション学のアプローチとして，まずは何語であるかによらずコミュニケーションには必ず含まれる普遍的なプロセスや現象を抽出しようとする方向性があるが，他方で，コミュニケーションはつねに何語であれ具体的な特定の言語によって行われる活動であるからには，各々の言語の言語学的特徴や地理的・歴史的事情を反映した側面も見出すことができる。そこで本書は，「日本語」という言語のそうした特徴や事情が私たちのコミュニケーションにどのように影響しているか？という観点を取り入れた。

全部で15ある章には，コミュニケーション学の枠組みを概説した章，

具体的なコミュニケーション行為を取り上げて考察した章，コミュニケーションの日本語的特徴を述べた章，コミュニケーションの今日的側面に焦点を当てた章などが含まれる。コミュニケーション学の概説的部分を大橋が，具体的なコミュニケーション行為と日本語的特徴の部分を滝浦が，それぞれ執筆担当した。それらをブロックとして分けて配置するのではなく，導入的な章から始めて応用的な内容を後半で扱うこととし，少しずつ全体が進んでいくような配置とした。螺旋階段を上って行くように味わってもらえたらと思う。

　この教科書を読んでも，それで「コミュニケーション力」がつくわけではない。しかし，読む前と比べて「コミュニケーションがよくわかる」ようになるとは言えるだろう。よくわかるようになったら何か今までと違うことをやってみたくなるかもしれない。放送教材の方でも，私たちが当たり前のこととしてほとんど意識せずにやっている様々な行為がどんな意味を持っているかについて，具体的に見える形にする試みをしている。この教科書と合わせ，コミュニケーションをよりよく知るために利用してもらえたら幸いである。

　末筆ながら，編集の労をお取りくださった濱本惠子さんにお礼申し上げたい。また，この本と対になっている放送教材の製作に当たり，多々お世話になった小林敬直プロデューサー，三橋貞子ディレクター，塚谷理恵サブディレクター，そして技術担当の方々に深謝申し上げる。そして，放送教材のスキットを楽しく魅力的に作ってくださった，人形劇団ひとみ座の友松正人さん，小倉悦子さん，高橋ちひろさん，とりわけ，えりちゃんとマーくんを熱演してくださった高橋奈巳さんと松本健太さん（俳協），ありがとうございました。

2014 年 10 月 1 日
滝浦真人・大橋理枝

目次

まえがき　滝浦真人・大橋理枝　3

1 コミュニケーション学へのいざない
　　　　　　　　　　　　　　　　｜大橋理枝　9
1．コミュニケーションのモデル　9
2．コミュニケーションの種類　12
3．コミュニケーションの本質的特徴　14
4．コミュニケーションの定義　20
5．本書で扱う範囲　21

2 日本語のコミュニケーション　｜滝浦真人　23
1．コミュニケーションの普遍と特殊　23
2．「儒教文化圏」の中の日本語　26
3．作法としての「標準語」　31
4．言語の「日中韓関係」　34

3 言語メッセージと非言語メッセージ
　　　　　　　　　　　　　　　　｜大橋理枝　37
1．言語と非言語　37
2．言語コミュニケーションと非言語コミュニケーション　38
3．非言語メッセージの役割　43
4．身体動作　45
5．身体接触　47
6．対人距離　48
7．日本語文化圏で使われる非言語メッセージ　49

4 あいさつのコミュニケーション　　｜滝浦真人　53
　1．言語と非言語の境界　53
　2．あいさつは何を述べる？　57
　3．あいさつのコミュニケーション論的機能　62

5 対人関係の言葉　　｜滝浦真人　69
　1．言葉と対人距離　69
　2．言葉で触れることと対人配慮
　　　―「ポライトネス」の考え方　72
　3．「協調の原理」と「会話の含み」　77

6 依頼・勧誘と応諾・断り
　―言語行為とポライトネス①―　　｜滝浦真人　84
　1．ポライトネスの理論　84
　2．言語行為とフェイス　87
　3．《依頼》と《勧誘》　91

7 感謝・謝罪・褒め
　―言語行為とポライトネス②―　　｜滝浦真人　99
　1．感謝と謝罪のポライトネス　99
　2．日本人の詫び　103
　3．褒める・褒められる　107

8 対人関係のマネジメント　　｜大橋理枝　113
　1．コミュニケーションの必要性　113
　2．対人関係構築の動機　115
　3．対人関係の展開　118
　4．自己開示　122
　5．日本での対人関係の捉え方　124

9 敬語のコミュニケーション　｜ 滝浦真人　128

1．敬語が表すもの　128
2．敬語の分類と働き　132
3．敬語の描く人間関係像　136

10 スピーチのコミュニケーション　｜ 大橋理枝　145

1．対人コミュニケーションとの違い　145
2．スピーチの構成要素　150
3．レトリック戦略　151
4．日本で使われるレトリック　155

11 比喩とコミュニケーション　｜ 滝浦真人　159

1．レトリック表現と認識　159
2．レトリック表現の王様，比喩　162
3．比喩のコミュニケーション論的意味　171

12 日本語のレトリック表現とオノマトペ　｜ 滝浦真人　174

1．日本のレトリック　174
2．オノマトペと日本語　181

13 公共圏のコミュニケーション
　　―禁止を手がかりに―　｜ 滝浦真人・大橋理枝　191

1．公共圏とむき出しの命令　191
2．悩める禁止　195
3．多言語掲示　200
4．禁止の記号　204

14 異文化間のコミュニケーション | 大橋理枝　208
1．文化とは　208
2．文化の機能　212
3．文化と言語の関係　213
4．異文化間コミュニケーションとは　217

15 日本語とコミュニケーション
―日本語のいま・これから―　　| 滝浦真人　222
1．乱れ？　変化？　222
2．問題な日本語　225
3．変わりゆくコミュニケーション　230

索引　238

1 | コミュニケーション学へのいざない

大橋理枝

《学習のポイント》
・石井（1998）の対人コミュニケーションのモデルについて理解する
・コミュニケーションに4つのモードがあること
・コミュニケーションの本質的特徴を理解する
・コミュニケーションの定義について把握する

1. コミュニケーションのモデル

　私たちにとって「コミュニケーション」という語はもはや奇異な語ではない。「ビジネス・コミュニケーション」「リスク・コミュニケーション」「サイエンス・コミュニケーション」などの言葉を耳にすることも多い。コミュニケーションについて考えていこうとするときに，「コミュニケーション」とは何なのかがわからないまま話を進めるのは非常に具合が悪い。そこで，まず「コミュニケーション」とは何なのかを見定めてみたいと考える。

　これまでに多くの研究者たちが，「コミュニケーション」というものを理解するために，図式（モデル）によってそれを示そうとしてきた。これまでに幾つものモデルが提唱されているが，ここでは石井（1998）のモデルを紹介する。

　このモデルによれば，まず「人物A」の頭の中に，考えや感情など，他人に伝えたい事柄が生じる。それを他人に伝えるためには，思ってい

るだけ，感じているだけではだめで，他人に伝えるためには何らかのシンボルを用いてそれを表現しなければならない。このシンボルを用いて考えや感情を表現するという過程を「記号化」という。記号化された考えや感情は，相手に伝えたい事柄，即ち「メッセージ」として，「人物B」に届く。メッセージを受け取った人物Bは，人物Aが自分の考えや感情を記号化したのと逆のプロセスをたどり，人物Aが用いた記号を解釈することによって，そこで伝えられた考え・感情を理解しようとする。一旦理解したら，今度は人物Bがそれに対する返答を準備する必要がある。そこで，人物Bは，自分の考えや感情を記号化し，それがメッセージとなって人物Aに伝わると，今度は人物Aがそのメッセージに用いられた記号を解釈する。コミュニケーションを最初にこのようなプロセスとして図式化したのはシュラムという1900年代初頭の人で，この石井のモデルはシュラムのモデルをベースにした発展版であるといえる。

　上記の過程が行われる際に，人物Aが一度自分で記号化したものを，相手に送る前に自分で再検討し，もう一度やり直すこともある。例えば人物Aが人物Bに何か頼みごとをしようとしているとすると，人物Aはどのように言えば人物Bがこの頼みごとを引き受けてくれるだろうかと悩みながら記号化するはずである。しかし，一旦「こう言おう！」と思っ

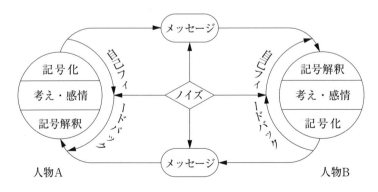

図1-1　対人コミュニケーションのモデル
　（鍋倉健悦 編著（1998）『異文化間コミュニケーションへの招待―異文化の理解から異文化との交流に向けて』p.57，北樹出版より）

た後で，やっぱりこれではちゃんと伝わらない，これでは引き受けてくれないのではないか，と思って言い方を変えるかもしれない。この段階では，人物A自身が，自分が記号化したものを自分で記号解釈し，そこから受け取れる内容を勘案した上で再度記号化しているといえる。このループが「自己フィードバック」である。

また，私たちがメッセージを作成している過程にも，そのメッセージが伝わる途中にも，メッセージを受け取った側がそれを解釈している間にも，様々な「ノイズ」（雑音）が入る。例えば，人物Aが人物Bに頼みごとをしようと思ったが，忙しくて十分な時間と吟味を経て記号化することができなかったりするかもしれない。この場合は人物Aの忙しさが「ノイズ」となってメッセージの作成に影響を与える。また，もし人物Aから人物Bにメッセージが伝わる場所が非常に騒がしいところで，人物Aが行った記号化の結果が人物Bにきちんと聞こえなかったりしたら，その場合は場所の騒音が「ノイズ」になる。さらに，人物Bが人物Aのメッセージを受け取ったときにとても眠くて，メッセージの内容をきちんと記号解釈ができないような状態であれば，睡魔が「ノイズ」となる。

コミュニケーションをこのモデルのように概念化した場合，非常に大切なのは，人物Aが自分の考え・感情を記号化した結果と，人物Bが受け取ったメッセージを記号解釈した結果とは，必ずしも一致しないという点である。人物Aが記号化して人物Bに送った自分の考え・感情と，人物Bが受け取ったメッセージを記号解釈して得られた（と思った）人物Aの考え・感情が，一致すれば「理解」したことになるし，それが一致しなければ「誤解」したことになる。仮に記号解釈の結果が誤解であっても，人物Aから人物Bにメッセージが到達しさえすれば，それはコミュニケーションであると考えるのが，コミュニケーション学の見方

である。この点は後に詳述する。

　また，メッセージの送り手がどんなに工夫して自分の考え・感情を記号化しても，最終的にそれが理解されるのは受け手の記号解釈の結果としてである。したがってメッセージの意味を決めるのは受け手であり，送り手ではない。メッセージの意味は受け取った側が決めることになる，というのも，非常に重要な点である（橋本，2006）。

　なお，このモデルからもわかるとおり，人と人との間のコミュニケーションとして最も基本的な形として想定されているのは，一人の人が一人の相手と行うコミュニケーションという形態である。このほかにも，集団内で行うコミュニケーションや，メディアを介したコミュニケーションなど，異なる形のコミュニケーションがあるが，これらはある意味「応用形」のコミュニケーションであるとみなされ，一人対一人という典型的なコミュニケーションの形との比較でその本質が理解されることが多い。

2. コミュニケーションの種類

　末田・福田（2011）は，コミュニケーションを，言語を用いるものと用いないもの，及び音声を用いるものと用いないもの，という2つの観点から考察し，「言語音声コミュニケーション」「言語非音声コミュニケーション」「非言語音声コミュニケーション」「非言語非音声コミュニケーション」の4つのモードに分けて論じている（表1-1）。

　「言語音声コミュニケーション」とは，音声言語によってメッセージ

表1-1　コミュニケーションの4つのモード

言語 音声	用いる	用いない
用いる	言語音声コミュニケーション （言語音声メッセージを用いて行うコミュニケーション）	非言語音声コミュニケーション （非言語音声メッセージを用いて行うコミュニケーション）
用いない	言語非音声コミュニケーション （言語非音声メッセージを用いて行うコミュニケーション）	非言語非音声コミュニケーション （非言語非音声メッセージを用いて行うコミュニケーション）

を構築するコミュニケーションを指す。具体的には，私たちが日常的に行っている話し言葉によるコミュニケーションがこれに当たる。「言語非音声コミュニケーション」とは，音声を用いない言語によってメッセージを構築するコミュニケーションである。音声を用いない言語には書記言語や手話などが含まれるが，それらを使って行うコミュニケーションのことである。

「非言語音声コミュニケーション」とは，言語以外の音声がメッセージとなるようなコミュニケーションである。言語を使わない音声というのは，例えば講演者が聴衆の注意を引く際に行う咳払いや，迷子になった子供が泣くことによって心細さを伝える場合などがわかりやすいが，このような例以外にも私たちは話す内容ではなく話し方からかなり多くのメッセージを受け取っている。例えば朝会った時の「おはよう」の言い方一つで，相手が元気満々か，眠そうか，はたまた具合が悪そうかなどが伝わってくる。このような，声の高低の幅や，話すスピード，声の張りなど，言語の内容ではなく言語を発生する際の音声から伝わるメッセージを「非言語音声メッセージ」といい，そのようなメッセージを用いて行われるコミュニケーションを「非言語音声コミュニケーション」という。最後に，「非言語非音声コミュニケーション」は，言語も音声も使わないで構築したメッセージを用いて行うコミュニケーションである。言語も音声も使わないメッセージというと，真っ先に思い浮かぶのがジェスチャーや握手などであろう。これらについては，第3章で改めて取り上げる。

このように考えると，私たちは実に様々な方法でメッセージを作り，コミュニケーションを行っていることがわかる。ところで，私たちは何らかの方法を用いてメッセージを構築し，それを用いて意思・感情・思考・情報などを伝達・交換しているわけだが，その際には実際どのよう

なことを行っているのだろうか。それを「コミュニケーションの本質的特徴」として次節で整理する。

3. コミュニケーションの本質的特徴

　コミュニケーションの本質的な特徴としてどのような側面を考えるかというのも，板場（2011）が指摘するように「コミュニケーション」という語にどのような意味を持たせたいかという点に関わってくるのだが，ここではこれまでに多くの研究者が指摘してきた点の中で重要であると思われるものを挙げる[1]。

コミュニケーションはシンボルを介して行われる
　一般的には，私たち人間は感情や思考などを他人に伝える際に，単に感じているだけ・考えているだけでは多くを伝えることはできない（ごく稀によく知っている相手が何を考えているかを感じ取ることができる場合もあるが，これはかなり例外的なケースである）。したがって，感じていることや考えていることを相手に伝えるための方法が必要となるが，そのために私たちは「シンボル」を用いる。「シンボル」というのは，相手に何らかの情報を与える記号のことであり，感情や思考を他人に伝えるために用いる言語や身振りや物品などを指す。私たちはこれらを用いなくては他人に多くを伝えることはできない。したがってほとんどのコミュニケーションはシンボルを用いて行われるといえる。その際にどのようなシンボルを用いるかという選択が図1-1での「記号化」の部分である。
　しかしながら，シンボルというものはそれ自体で意味を持っているものではない。あるシンボルがどのような意味を持つかは，私たちが脳で

---

[1] 前述のとおり，コミュニケーション学の分野では，二人の人が一対一で行うコミュニケーションの形を最も典型的・基本的なコミュニケーション形態としてきた。したがってここで述べる本質的特徴も，第一義的には二人の間での一対一でのコミュニケーションを念頭に置いたものとなっている。

判断しているのである。例えば,「すみません」という言葉は,話し手の感情を表現するためのシンボルであるが,そこで表現されている感情が感謝の気持ちなのか謝罪の気持ちなのかはこの言葉だけではわからない。「すみません」という言葉は,聞き手が状況に応じて判断してはじめて意味を持つシンボルとなるのである。シンボル自体に意味はなく,私たち自身が意味を判断しているのであるという点は,私たちのコミュニケーションの過程を理解する上で重要な観点である。

コミュニケーションにはデジタル面とアナログ面がある

　例えば「昨日の映画,とっても面白かった!」というメッセージを考えてみよう。このメッセージの中で「昨日」「映画」「面白かった」は,いずれも他の語に差し替えれば文の意味が変わってしまう要素である。このように,メッセージの中には,「1」か「0」かのデジタル原理同様,それを使うか使わないかが意味の差を生み出す部分がある。これがコミュニケーションの中の「デジタル面」の部分である。一方,先の例の中で「とっても」は言い方によって意味に変化をもたらすことができる。「とても」「とっっても」「とおっっっても」と言い方を変えると,その映画がどのくらい面白かったかの差を表現できるのである。あるシンボルを使うか否かではなく,それをどのように使うかが意味の差を生み出す要素が,コミュニケーションの中の「アナログ面」の部分である。

　大まかにいって,言語メッセージはデジタル型の原理に基づいているのに対し,非言語メッセージはアナログ型の原理に基づいているものが多い[2]。つまり,言語メッセージはある言葉を使うか否かによって意味の差を生み出すのに対し,非言語メッセージは言い方(声の大きさやトーンの上下など)や動作の頻度や大きさが意味の差を生み出す。即ち,コミュニケーションにはデジタル面とアナログ面の両方があるといえる。

---

2) 但し,非言語メッセージの中には極めてデジタル型に近い形で使われるものもある。詳しくは第3章を参照。

コミュニケーションは意図を前提としない

　前節でみたとおり，コミュニケーションは言語メッセージだけを使って行われるのではなく，非言語メッセージも多く用いられる。しかし，私たちは普段，自分の話し方—声の張り具合や声の高低の幅など—をどの程度意識しているだろうか？　声の大きさや話す速度までは意識したとしても，それ以外のことを意識するよりは話す内容に気を取られることの方が多いだろう。それでも（先に述べた「おはよう」の例のように）聞き手側は話し手の話し方から多くのメッセージを受け取る。別の例として，貧乏ゆすりを考えよう。している本人は癖になっていて自分が貧乏ゆすりをしていることにさえ気づいていない場合もある。一方，私たちは貧乏ゆすりをしている人を見ると，「あの人はイライラしているのだろう」と感じることが多い。

　これらの例は，私たちは無意識のうちにもコミュニケーションをしてしまっていることを示している。このことを整理すると，表1-2のようになる。即ち，コミュニケーションとは必ずしも相手に何かを伝えようとする意図がなくても成立するものなのである（コミュニケーションの無意図性）。また一方で，私たちはこちらが相手に向けて何かを伝えようとしても伝わらない場合というのもある。例えば相手が遠くにいてこちらの声が聞こえなかったり，ものすごく何かに集中していてこちら

表1-2　コミュニケーションの成立

	メッセージが受信された場合	メッセージが受信されなかった場合
メッセージを送信する意図があった場合	成功したコミュニケーション（相手がこちらの意図どおりに理解しても，誤解しても，コミュニケーションは成立している）	失敗したコミュニケーション（相手がこちらのメッセージを受け取れなくても，コミュニケーションは成立している）
メッセージを送信する意図がなかった場合	無意図的コミュニケーション（こちらが相手に何か伝える意図がなくても，相手がメッセージを受け取ってしまったら，コミュニケーションは成立している）	コミュニケーション不成立（こちらが相手に何も伝える意図がなく，相手もこちらからメッセージを受け取らなかった場合は，その言動はコミュニケーションにはならない）

の呼びかけに答えなかったりすることはさほど珍しくないだろう。このような場合でも，こちらが相手に何か伝えようと思ってシンボルを操作した場合は，その行為はコミュニケーションであると考える。さらに，相手がこちらの伝えようとしたことを誤解した形でメッセージを受け取ってしまった場合でも，メッセージが受信されたからにはそこでコミュニケーションは成立したとみなされる。相手に誤解なく伝わった場合のみがコミュニケーションではないのだ。

コミュニケーションを逃れることはできない
　前項で述べたように，私たちは相手に何かを伝えようとしていなくてもコミュニケーションを行ってしまっている。また，コミュニケーションは言語メッセージだけでなく，非言語メッセージも含まれる。つまり，私たちの日々の一挙手一投足がコミュニケーションになってしまっていることになる。さらに私たちは，相手が必ずしもこちらに伝えようとしていないメッセージまで受け取ってしまっている。その意味で私たちは生きている限りコミュニケーションを逃れることはできないといえる（コミュニケーションの不可避性）。

コミュニケーションは時とともに流れて行く
　前項で私たちは生きている限りコミュニケーションから逃れることはできないことを述べたが，私たちが生きているということは生まれてから死ぬまで時間の経過に沿っているということでもある。同時にコミュニケーション自体も時間の経過に沿って行われることになるが，このことは幾つかの特徴をコミュニケーションに与える。その一つは，コミュニケーションは決して元に戻すことはできないし，繰り返すこともできないという特徴である。私たちが時間を巻き戻すことができないと考え

ている限り，一度行ったコミュニケーションも元に戻すことはできないし，一度行われたコミュニケーションをまったく同じように繰り返すこともできない[3]。一度言ってしまったことは取り返せないし，同じ冗談を2回言っても笑ってもらえないことを思えば，この点は容易に納得がいくだろう（コミュニケーションの不可逆性）。

　また，ある時点でのコミュニケーションは，それまでの人生の経験を反映して行われるというのも，コミュニケーションの特徴の一つである。私たちは様々な経験を重ねながら生きていくわけだが，その過程で様々なコミュニケーションのあり方や方法も学んでいく。他人に何かを頼みたいときにはどのようにそれを示せばよいか，友だちと喧嘩してしまったらどうやって仲直りしたらいいか，センパイと校外で会ったらどのようにあいさつすればよいかなど，すべて人生経験の中から学んできたコミュニケーションである。これらに限らず，どんなコミュニケーションであっても，これまでに自分が生きてきた人生の経験に則って行っているといえるのである（コミュニケーションの先行性）。

　さらに，コミュニケーションは言語メッセージだけではなく非言語メッセージによっても行われることは先にみたが，もっといえばメッセージを送らないこと自体がメッセージにもなり得る。例えば，相手と口をきかないということ自体が相手に対して自分の怒りを表すメッセージになる。また，これまで頻繁に連絡を取っていた相手と急に連絡を取らなくなったら，それは明らかにメッセージ価値を持つ言動として解釈されるだろう。このことを考えると，メッセージのやりとりを行わないことが即ちコミュニケーションを行わないということにはならないことがわかる。つまり，一度コミュニケーションを始めた相手とはコミュニケーションを止めることもできないといえる。これも，私たちが時間の流れを止めることができないということと関連づけて考えられるだろう。

---

[3] 但し，時間の捉え方については文化差があり，必ずしも時間を直線的に考えているとは限らない。

コミュニケーションは内容面と関係面とが共起する

　先に挙げた「昨日の映画，とっても面白かった！」という例をもう一度考えてみよう。このメッセージは，どのような相手に向けられたものだと感じられるだろうか。一番の判断材料は「面白かった」という言葉だろう。言い切りの形が使われていることから，対等で親しい相手か，親しい目下の相手に向けられたメッセージであろうことが容易に推測できる。もしこれが「面白かった」ではなく「面白かったです」だったなら，ある程度目上の相手か，少なくともあまり親しくはない相手に向けられたメッセージであろう。このように，コミュニケーションではメッセージを発した人がそのメッセージの受け取り手と自分との人間関係をどう見ているかが，必ずメッセージの内容と同時に伝わるのである。

あらゆるコミュニケーションは必ず何らかのコンテクストの中で行われる

　前項で見たとおり，メッセージをやりとりする人同士の間柄というのは，日本語のコミュニケーションでは使う言葉の選択に関わってくるため，どんな場合でも考慮しなければならない事柄であるといえる。また，同じメッセージを話す場合でも，交通量の多い道路の脇での立ち話の中で話すか，雰囲気の良い静かなバーで話すかによって，私たちは声の大きさや張りを調整するだろう。また，私たちは，相手が急いでいるか，ゆっくり時間が取れそうかによって，話す内容も変えている。

　相手との対人関係，コミュニケーションが行われる物理的な環境，そして相手の心理的余裕などは，すべてコミュニケーションが行われるコンテクストである。このように，あらゆるコミュニケーションは必ず何らかのコンテクストの中で行われる。これもコミュニケーションの大切な特徴の一つである。

4．コミュニケーションの定義

　これらのコミュニケーションの本質的特徴を踏まえた上で，様々なコミュニケーションの定義が試みられている。例えば鈴木（2010）はコミュニケーションを「人々によって共有された意味が創造されるプロセス」（p.24）であると定義しているし，末田・福田（2011）は「シンボルを創造しそのシンボルを介して意味を共有するプロセスである」（p.16）と定義すると述べている。石井・久米（2013）によれば，コミュニケーションとは「人が，物理的および社会文化的環境・コンテキストの影響を受けながら，他者と言語および非言語メッセージを授受・交換することによって，認知的および情意的な意味づけをする動的な活動過程である」（p.20）と定義されている。

　しかしながら，「『コミュニケーション』の定義は現在までに多数提出され，定義内容も多種多様」（石井，2013，p.2）である。1970年代にはすでに120以上の定義が知られていた（石井，1993；岡部，1993）。

　なぜ「コミュニケーション」を定義することはここまで難しいのかについて，岡部（1993）は1982年に出されたウッドの説として，(1) 我々が日頃コミュニケーションについてよく考えない傾向があるから，(2) コミュニケーション活動がみられる範囲が広すぎて一義的に定義できないから，(3)「コミュニケーション」という言葉自体が人々の間に広まりすぎて様々な意味で使われているから，という点を挙げている。また，西田（2000）は「時代によっても，またコミュニケーションのレベル（マスコミュニケーション，対人コミュニケーション，小グループ・コミュニケーションなど）によっても異なってくるからである」（p.iii）と述べている。さらに板場（2011）は岡部の述べたウッドの説を引きつつ，「コミュニケーション」という語が「文化」という語と並んで「それらを用

いる人々が作る文脈に利用される用語」であり、「人々がこれらの言葉を用いて何をしようとしているのかという動機に対応しているのだ」(p. 112) と指摘している。

5. 本書で扱う範囲

　以上コミュニケーションについて全体的に概観したが、本書で扱うのは主に日本語との関連の中でのコミュニケーションである。そのため、言語／非言語という観点からみれば言語コミュニケーションがほとんどであり、また基本的には対人コミュニケーションがほとんどである。他の要素やレベルについては応用編と考えておきたいが、そんな中でもコミュニケーションの本質的特徴については常に念頭に置いておきたい。特に、シンボルを介して行われるという点（言語もシンボルの一つである）、デジタル面とアナログ面とがあるという点、内容面と関係面とが共起するという点、そして必ず何らかのコンテクストの中で行われるという点は、日本語との関連を考えた場合には特に興味深い事象を提示してくれるであろう。

　しかしながら、コミュニケーションは文化と非常に密接に関わっている。先に述べた、多々あるコミュニケーションの定義の中の一つに、「文化はコミュニケーションであり、コミュニケーションは文化である」(E. T. Hall, 1959, p.217*) というものがあるくらい、両者の関わり合いは深い。文化というのは、コミュニケーションが行われる際の必須のコンテクストの一つであるといえる。コミュニケーションと文化の関係については第14章で今一度述べるが、これから検討するコミュニケーションが、特に断りがない限りは日本語文化圏というコンテクストの中のコミュニケーションであり、基本的にはその範囲に限定して考えられるべきであるということを考慮しつつ先に進んで頂きたい。

---

*　資料によって様々なページが挙げられているが、ここでは初版本のページ数を記した。

引用文献

石井敏（1993）「コミュニケーション研究の意義と理論的背景」〈橋本満弘・石井敏 編〉『コミュニケーション論入門』第1章（pp.3-24）桐原書店．

石井敏（1998）「文化とコミュニケーションのかかわり」〈鍋倉健悦 編著〉『異文化間コミュニケーションへの招待：異文化の理解から異文化との交流に向けて』第2章（pp.41-65）北樹出版．

石井敏（2013）「コミュニケーション」〈石井敏・久米昭元 編集代表〉『異文化コミュニケーション事典』（p.2）春風社．

石井敏・久米昭元（2013）「異文化コミュニケーションの基礎概念」〈石井敏・久米昭元・長谷川典子・桜木俊行・石黒武人〉『はじめて学ぶ異文化コミュニケーション：多文化共生と平和構築に向けて』第1章（pp.11-34）有斐閣．

板場良久（2011）「コミュニケーションと文化」〈日本コミュニケーション学会 編〉『現代日本のコミュニケーション研究：日本コミュニケーション学の足跡と展望』第III部第2章（pp.111-118）三修社．

岡部朗一（1993）「コミュニケーションの定義と概念」〈橋本満弘・石井敏 編〉『コミュニケーション論入門』第3章（pp.54-74）桐原書店．

末田清子・福田浩子（2011）『コミュニケーション学：その展望と視点』増補版 松柏社．

鈴木健（2010）『政治レトリックとアメリカ文化：オバマに学ぶ説得コミュニケーション』朝日出版社．

西田ひろ子（2000）「はじめに」〈西田ひろ子 編〉『異文化間コミュニケーション入門』（pp. iii-vii）創元社．

橋本満弘（2006）「遠心的活動としてのコミュニケーション」〈橋本満弘・畠山均・丸山真純〉『教養としてのコミュニケーション』第2章（pp.52-87）北樹出版．

Hall, E. T. (1959) *The Silent Language*. NY: Doubleday.

2 | 日本語のコミュニケーション

滝浦真人

《学習のポイント》
・コミュニケーションには普遍の相と特殊の相があること
・儒教文化圏との関わりで日本語の特徴を捉える
・日本語で"上下"が何によって表現されているかを考える
・日本語の「標準語」が人為的に制定されたものであること
・日本語と韓国・朝鮮語と中国語の関係を整理する

1. コミュニケーションの普遍と特殊

　言語はコミュニケーションのための最有力な手段であり，コミュニケーションをすることは人間としての普遍的な活動である。では，コミュニケーションの取り方も，人間としての普遍的な形に沿っていると考えることができるのだろうか？　それとも，「日本文化の独自性」のようなコミュニケーションの文化的特殊性を考えるべきなのだろうか？

　「それとも」と書いておいてずるいと言われそうだが，この「普遍性」と「独自性」は論理の位相が違うので，一方が一方を打ち消すことにはならない。いうなればどちらにもそれなりの理があって，普遍の相において捉えたコミュニケーションの像と，個々の差異において捉えたコミュニケーションの像が相まって，はじめてコミュニケーションの全体像に迫ることができる。

普遍の相から見たコミュニケーション

　まずコミュニケーションの普遍的側面について基本的な点をいくつか押さえておこう。コミュニケーションが社会で生きる人間としての普遍的活動である以上、そこに目的や動機や仕組みの共通性があると仮定することはむしろ当然ともいえる。コミュニケーションの究極の目的は何かと考えれば、例えば共同体という"集団"の維持はその有力な一つだろう。共同体を維持するためには、争いが回避されなければならないし、不幸にしてそれが起きてしまったならば早急に解決しなければならない。争いの回避と解決は、コミュニケーションの大きな目的の一つである。共同体は大きくもなり小さくもなるから、例えば国家の単位で争いの回避や解決のためにコミュニケーションが図られることもあるし（外交もコミュニケーションの一種である）、反対に、家族や友人間のような小さな単位の中で、争いを回避しながら人間関係の維持が図られるというのが私たちの生活の一面である。

　動機というのは、コミュニケーションの様々な必要性のことと言い換えられる。この講義の中で取り上げてゆく「感謝／謝罪」（第7章）、「褒め」（同）、「依頼・勧誘（と応諾・断り）」（第6章）等々の行いは、言葉でなされる行いの種類名であると同時に、どれもコミュニケーションの動機となることができる。例えば人は、相手のしてくれた何かに感謝を表すためにコミュニケーションをとる、相手に何かをしてほしいと思ってコミュニケーションをとる、といった具合に。

　コミュニケーションの仕組みという言い方には違和感もあるかもしれないが、何をどのように述べることが何を伝えたことになるのか、あるいは、人は何をしたいと思ったときに何を述べるのか、といったことがそれである。例えば、人に何かを頼みたいと思ったとき、頼みたいからといっていきなり「○△してください」と言っていいわけではない。前

置きから始まって予備的な質問から入り，相手が察知してから遠慮がちに用件を切り出す，といった回りくどいことを人はしばしばする。それは，依頼というコミュニケーションの仕組みを反映したやりとりの一つの形ではないかと考えることができる。

　普遍の相においてもう一つ重要な点は，コミュニケーションが人と人の間で交わされるということである。人と人の人間関係は実に多様であり，相手によってコミュニケーションの仕方は大きく変化する。知っている人かそうでないか，年齢が上か下か，等々の要因が絡みながら，コミュニケーションにはつねに対人配慮の側面が大きく関係している。この対人配慮は「ポライトネス」と呼ばれ，人と人が互いの関係や述べる事柄の重さなどの要因によってどんな配慮をし合うかが，研究上の大きなトピックとなっている（第5章「対人関係の言葉」）。

　このように，目的や動機，仕組みや対人配慮などに着目しながら，コミュニケーションの全体が収まるような普遍的枠組みを考えようという提案がなされまた検討されているのが，コミュニケーション研究である。その広さが窺い知れるだろう。次章では非言語コミュニケーションにも目を向ける。

差異から見たコミュニケーション

　こうした普遍的観点はこの講義でもたびたび参照することになるが，一方，この講義の科目名は「日本語とコミュニケーション」であり，この第2章のタイトルも「日本語のコミュニケーション」である。「日本語」が付くことによって，観点はどのように変わり，あるいはどのような別の観点が加わることになるのだろうか。

　あらゆる言語にいえることだが，言語には必ず，それが話されてきた具体的な場所と話されてきた具体的な時期がある。専門的にいえば，前

者は「地政学」的な位置であり，後者は端的に歴史である。あらゆる言語は具体的な地理的・政治学的位置関係と歴史の中で育まれたものであり，その様々な条件は言語によって異なる以上，言語によって産み出されたあらゆる言語文化は特殊で独自なものである。「日本語／日本文化の独自性」といった言い方をよく耳にするが，日本語／日本文化だけが特殊なのではなく，他の言語や文化と同様に日本語／日本文化なりの特殊性があるのだと考えなくてはならない。

そうした意味で日本語のコミュニケーションに影響している要因を挙げるとしたら，次の3つを選びたい。

① （地政学的位置の観点から）　　「儒教文化圏」の中の日本語
② （歴史的観点から）　　　　　　作法としての「標準語」
③ （言語的成り立ちの観点から）　言語の「日中韓関係」

これらはそれぞれに大きな論点であり説明も要するので，節を改めて一つずつ述べてゆくことにする。

2.「儒教文化圏」の中の日本語

コミュニケーションが人間関係と無関係に行われると考えるとしたら，コミュニケーションは方式があらかじめ決められた"通信"のようなものになってしまうだろう。もちろん私たちのコミュニケーションはまったくそのようなものではない。直観的にもそう感じられているように，コミュニケーションは人間関係を反映せずにはいない。このことは大きな帰結を導く。それは，ある社会で大切だと考えられている人間関係は，その社会で大切だと考えられるコミュニケーションのあり方に影響を及ぼすというものである。

日本の社会は,「戦後」半世紀以上の時が経ってずいぶん変わりなお変わりつつあるが, それでも社会秩序を考える上で"上下"はいまだに基本軸の一つといわなければならない。いうまでもなくこの"上下"は, 身分制や封建制など歴史上の社会制度的な要因によって維持されてきた基準だが, 社会の中でそれに沿う形での秩序や関係が形成されるうちに, コミュニケーションにおいてもそれを確認したり表現したりすることが重要視されるようになる。「上下のわきまえ」というようなことが言われてきたのはその一つの表れである。

　日本語が対人関係, とりわけ上下の関係に敏感な言語になったこととこうした社会的要因とは, 相互補完的な関係にあったと見るべきだろう。日本語は「敬語」という対人関係表現専用の体系を発達させ,

　　誰が誰の上であるか

　　あるいは誰がヨソの人で誰がウチの人であるか

を表すことを容易にした。また, 相手を呼ぶ「呼称」でも,

　　目上の相手を呼ぶときにはもっぱら役割名や親族名を用いる

　　　例　「先生」「お父さん」「お兄ちゃん」

のに対して,

　　目下の相手には代名詞や名前を用いる

　　　例　「おまえ」「花子」　（×「弟ちゃん」「生徒」）

という具合に, 何かを言うという行為はつねに上下など人間関係の確認を伴う意味合いを帯びた。こうした言葉の使い方は, 社会の側にある関係を反映するものであると同時に, 人間関係をそのように表現することでそのたびごとにそのような秩序を言葉で追認していることにもなる。相互補完的とはそういう意味である。

儒教と敬語

　さて，この人間関係の上下を基本とする価値観はどこから来ているのだろうか？　密接に関係していると考えられる要因として「儒教」を挙げないわけにはいかない。年配の方には馴染み深いと思われるが，紀元前6～5世紀に中国の孔子が体系化した思想で，「仁義礼智信」を徳目とし，それを高めることによって基本的な5つの人間関係「父子・君臣・夫婦・長幼・朋友」を維持する（「五倫」）という考え方を柱とする。5つのうち「父子・君臣・長幼」の3つが上下の関係であることにも表れているように，人間関係の上下の秩序を基本として重視する傾向が強い。日本には5～6世紀ごろにはすでに紹介されていたが，江戸幕府が「士農工商」の身分制社会を統治する思想的支柱として儒学（朱子学）を採用したことが大きい。上下を基本とする社会秩序が変わらなかった明治以降も，政府によって公的に奨励されたため影響力を持ち続けた。

　中国を中心として儒教の影響を強く受けた地域を「儒教文化圏」と呼ぶことがあるが，儒教文化圏では，日本語だけでなく，隣国の韓国・朝鮮語や，かつての中国語にも，敬語が顕著に存在した。韓国・朝鮮語は文法が日本語ときわめて近く，敬語の体系もほぼ同じものといってよい（後でも触れる）。中国語は言語的には大きく異なり，日本語や韓国・朝鮮語のように人の動作を敬語で表すことはしないが，相手側のものをすべて高め自分側のものをすべて低めるという敬語は非常に著しかった。現代語でもその名残として，相手の名前を尋ねる際に，

　　(1)　"您貴姓？"　　（お名前は何ですか？）

のように「貴姓」という言い方が用いられる（ちなみに「您」も最近増えてきたと言われる"あなた"に対する敬語である）。自分側を低める

言い方としては，日本語に入って今でも使われる「愚妻」や「豚児」といった自分の家族をへりくだらせる表現などが多数ある。現在の中国語で敬語は顕著でないが，それは戦後の共産主義革命によって敬語がほぼ一掃されたためである。

　このように敬語が儒教的価値観と相性が良いことは明らかだが，かといって，儒教が敬語を生んだといえるわけではないことも押さえておこう。儒教文化圏でもベトナム語のように敬語が発達しなかった言語もある。尊敬語や謙譲語といった敬語の体系を持つ言語には，日本語や韓国・朝鮮語のほか，モンゴル語，チベット語，タイ語，ジャワ語など，東アジア～東南アジアにかけて分布している（そうした敬語体系は例えばヨーロッパの言語には見られない）。敬語体系を持つこれらの言語は言語学的な系統関係（いわば言語としての"親戚関係"）がまちまちであるため，言語学的というよりも地政学的な要因によるものと考えた方が合理的である。あるいは，そういう場所で儒教のような思想が生まれたと考えることも可能かもしれない。

"触れてはいけない"暗黙のルール

　敬語や呼称が上下に関して目立つ指標となることは見やすいが，そうした言語の形式面だけでなく，言語の内容面でも上下を反映した現象がある。その一つの典型例が，

　　相手の願望や感情に言及することを
　　目上の人物に対しては控えるべき

という暗黙のルールである。そう言われてもすぐにはピンと来ないかもしれないほど"暗黙"だが，例えば，

　(2)　「?? 先生，コーヒーお飲みになりたいですか？[1]」

---

1) 記号「??」は「文法的に誤りではないが不自然・不適切」という意味で用いる。

は，きちんと敬語を使っているにもかかわらず，どこか不適切である。同じように，

　(3)　「?? 社長，怒っていらっしゃいますか？」

と聞いたら，「怒ってなんかいないよ！」と怒られてしまいかねない。
　不適切と感じられる原因は，(2)では相手の願望を尋ねていることであり，(3)は相手の感情を尋ねていることである。実際，日ごろ私たちはこれらに相当する内容を言いたいとき，

　(2)　「先生，コーヒーお飲みになりますか？」

と単なる行為を尋ねる質問にしたり，

　(3)　「社長，何か不手際がありましたでしょうか？」

のように，話し手側のことについて尋ねる形にしたりする。これらのことは上下とは関係ないと思われるかもしれないが，そんなことはない。もし親しい友だち同士のような間柄であれば，

　(4)　「ねえ，コーヒー飲みたい？」
　(5)　「ねえ，まだ怒ってる？」

のように人はまったく普通に言い合っている。
　人間関係によって非対称的なこの現象を解く鍵は，事柄の種類として願望や感情というものがその人の内面のより"私的"な領域に属する点

にある。そのため，上下の関係において下から上に向けて発せられる言葉では，言葉でそうした領域に"触れる"こと自体が不躾で失礼だとみなされるというのが，日本語の暗黙のルールの正体である。一方，対等の関係や上から下に向けた言葉であれば，こうした制約はないということが(4)や(5)の例からわかる[2]。ちなみに，韓国・朝鮮語や中国語で同じルールがあるかというと，必ずしもそうではない。

この講義でこのことと最も関係が深そうなのは第7章で見る「褒め」で，年配の世代ほど，「目上を褒めてはいけない」と躾けられて育った人が多いだろう。それがどういう論理であるか，また，それがどう変わりつつあるかなどを見ていきたい。

こうした事情を反映しながら，日本語は人間関係を上下の軸において表現する手段を発達させた。この点は日本語のコミュニケーションを考える上で大きな一つの特徴である。

3．作法としての「標準語」

地政学的に見れば，中国大陸→朝鮮半島→日本列島（あるいは，中国大陸→日本列島）というつながりは明らかであり，実際いま日本に暮らしている私たちの祖先は，弥生時代以降に中国大陸や朝鮮半島から渡ってきた人たちの子孫が多数派である。そのように考えたとき，日本語のコミュニケーション・スタイルと，中国語や韓国・朝鮮語の（具体的にわかるのは韓国における）コミュニケーション・スタイルが多くの点で似ていて不思議はないように思われるのだが，最近の研究から見えてくる実情はどうもそうではない。

具体的には第4章「あいさつ」や第7章「感謝と謝罪」あたりで触れることになるだろうが，大雑把に言って，中国や韓国におけるコミュニケーション・スタイルは，人間関係が変わると大きく（ときに劇的なほ

---

[2] これらのことは1980～90年代にかけて鈴木睦によって初めて指摘された（鈴木，1997）。

ど）変わる傾向が見られる。例えば，中国の場合，近しい人間関係では，日本語で思い描かれるようないわゆる「あいさつ」をしない。相手を呼べばそれがあいさつのようなものとなり，あるいはあれこれ細々したことを質問することがあいさつ代わりとなる。それに対し，親しくない関係，特に相手が上位者である場合には，日本語以上に，定型的なあいさつ言葉によるあいさつが交わされ，より儀式的な色彩が強くなる。

　韓国もこれと似ているところが多く，近しい関係では対人距離は心理的・物理的ともにきわめて小さいために，黙って物の貸し借りをするのも平気だったり，同性間での身体接触（手をつなぐ，肩を組むなど）も頻繁に行われる。対照的に，年長者に対する態度は大変恭しく，日本人からすると大げさとも見えるほどしばしば儀礼的である。

　こうしたスタイルと比べたとき，日本語のコミュニケーション・スタイルは人間関係の相違による"振幅"が圧倒的に小さい。もちろん日本にも近しい関係や上下の関係はあるし，家族同士の言葉づかいと社会生活での上下間の言葉づかいは全然違うといった意識もあるだろう。しかし，日本語では家族内でもあいさつ言葉によるあいさつをする習慣があるし，近しい関係でも「ごめん」や「ありがとう」を頻繁に口にしている。そうした言葉の使い方は上下間でのコミュニケーションの場合と本質的には変わらない。つまり，日本語のコミュニケーション・スタイルは，人間関係が変わってもゆるやかにしか変わらない。そして，中国や韓国と比べて最も大きく異なるのが，近しい人間関係におけるコミュニケーションである。その違いは日本語における心理的・社会的な対人距離の大きさとして捉えることができる。

「親しき仲にも礼儀あり」

　ではなぜ，日本語だけ異なるのだろうか？　日本語には日本語独特の

古くからの歴史があるから，と答えたくなるが，どうやら答えはそうではない。日本語でも各地で使われている方言によるコミュニケーションを眺めてみると，中国語や韓国語と似たところが多く見つかる（例えば家族内ではあまりあいさつをしないという地域もある）。問題は，私たちが今，これが「日本語」だと何となく思っている「標準語」にあるということがわかってきた。

　実は「標準語」は自然発生的にできたものではなく，明治時代の後半になってから国家的に定められた経緯がある。東京山の手の教養層の言葉を基にしたといわれるが，山の手言葉そのままでもなく，当時盛んだった文学者などの言文一致運動とも相まって文末表現などが選ばれた。標準語は学校教育を通じて日本全国に流布されたが，それと並行して作法教育が行われたことも大きい。作法には立ち居振る舞いだけでなく言葉づかいに関するものも含まれ，そこで繰り返し，家族や友人との間でも礼儀を保ち打ち解けすぎることのないように，との作法が説かれた。「親しき仲にも礼儀あり」はこの作法教育の産物である。このことの結果として，日本語のコミュニケーションでは，近しい関係であっても形式張った，対人距離の大きいスタイルとして定着した面が強い。そうしたコミュニケーションの歴史は，（公家や武家にはそれぞれ作法があったとしても）一般庶民のものとしては百年と少ししかないことになる（これら一連の経緯については（滝浦，2013）に詳しい）。この講義で「あいさつ」や「感謝と詫び」など具体的な題材を扱う際は，こうした標準語のコミュニケーション・スタイルをベースに考察する。

　一方，全国的に見たとき，家族や親しい友だちとの間では方言で話し，親しくない相手や公的度合いの強いコミュニケーションでは標準語で話している人が，実はたくさんいる（専門的には「二言語併用」という）。それは，標準語が近しい関係にも他人行儀を持ち込んだことを無意識の

うちに拒んで，近しい関係にはそれに見合った言葉を使おうとしていることの表れと見ることができる。また，標準語そのものについても，戦後半世紀以上が経って社会の秩序が"上下"から"親疎"へと，つまりタテからヨコへと軸が移りつつある中で，一定の丁寧さを保ちながらもそれなりの親しさを表現したいという必要が高まっているように見える。今の，そしてこれからの日本語がどのようにそうしたコミュニケーションを担っていくかについても考えたい（第15章）。

4．言語の「日中韓関係」

　地政学的にも歴史的にも深い関係があるため，日本語という言語や日本語のコミュニケーションをよく理解したいと思ったときに，韓国・朝鮮語や中国語と比べてみることが大変有効な手段となることは，すでに見たとおりである。しかし一方，この「関係」の中身は多面的であるため，言語としてこの3つがどのような「関係」を持っているかについては，必ずしも判然としているわけではないだろう。次章以降具体的なテーマで進めてゆく前に，言語における「日中韓関係」の要点を押さえておきたい。

　まず，日本語と韓国・朝鮮語である。この2つの言語は，偶然の一致とは考えられない大きな共通性を持っている。それは，骨組みに当たる「文法」が，基本的には同じ仕組みと言ってよいほど類似していることである。文末に述語が来て，主語や目的語など文法的な働きは助詞で示され，「は」と「が」（にあたる助詞）も共通で，敬語があり…，とむしろ類似を前提として相違点を探す方が合理的なほどである。

　では両言語の系統関係が証明されているかというとそうではない。それは，その骨組みに乗っている単語が大きく異なっていて対応づけられないためである。日本語の和語に当たるものを韓国・朝鮮語で固有語と

呼ぶが，その部分が別々だと考えざるを得ない。その一方で，中国語から導入された漢語の割合は高く[3]，語彙全体からすると共通部分が多いことになる。文字としても中国語の漢字が早くから用いられていたところに，日本語では仮名，韓国・朝鮮語ではハングルという固有の文字が加わったという類似性がある。ただし，韓国・朝鮮語では，現在漢字は限定的にしか（韓国）あるいはほぼまったく（北朝鮮）用いられない。

　中国語はどうだろうか。中国語は，文法の点でも語彙の点でも，日本語や韓国・朝鮮語とは大きくかけ離れた言語であり，系統関係もまったく別である。それだけならほとんど関係がないことになるのだが，問題は漢字と漢語である。日本語でも韓国・朝鮮語でも，この中国語から漢字という文字体系を借りて，何とか自分の言語を書き表そうとした。音だけを表す独自の文字を考案して漢字ではうまく表せない部分も表せるようになったが，ずっと漢字も用いられていた。

　漢字は文字であると同時に，一つ一つがそのまま単語でもあるという特徴を持っている（その性質を「表語文字」という）。そのため，漢字という文字だけを借りたわけではなく，漢語という大量の言葉もろともに借りたため，日本語も韓国・朝鮮語も概念的に中国語と共通の部分を多く持つこととなった。

　以上を図にしておこう。

　経緯はわからないが，これら3言語には，擬音・擬態語（「オノマトペ」とも呼ぶ）が多いという共通性もあり，またレトリック表現でも共通点が多い（第12章）。

3）何の数を数えるかによって比率はかなり変わるが，例えば『新選国語辞典』（小学館）が公表している収録語の語種比率によれば，一般語のうち和語が約1/3，漢語が約1/2，外来語と混種語が各々1割弱ずつである（第9版，2011）。韓国語では，固有語が約1/4，漢語が1/2強，外来語と混種語で2割弱となり，固有語の比率が低くなる（標準國語大辭典［1999］の見出し語における比率［이운영（イ・ウニョン），2002による］）。韓国語の語種比率については，丁仁京氏のご教示を得た。記して感謝申し上げる。

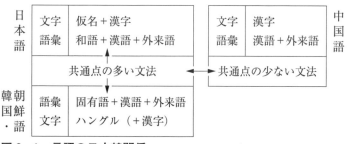

図2-1　言語の日中韓関係

引用文献

이운영（イ・ウニョン）(2002)『≪표준국어대사전≫연구 분석（≪標準國語大辞典）研究分析)』국립국어연구원 보고서（國立國語研究院報告書).
鈴木睦（1997)「日本語教育における丁寧体世界と普通体世界」〈田窪行則 編〉『視点と言語行動』くろしお出版.
滝浦真人（2013)『日本語は親しさを伝えられるか』（そうだったんだ！日本語）岩波書店.

参考文献

亀井孝・大藤時彦・山田俊雄 編（2006)『日本語の歴史1　民族のことばの誕生』（平凡社ライブラリー）平凡社.
村田雄二郎・C.ラマール 共編（2005)『漢字圏の近代　―ことばと国家―』東京大学出版会.

3 | 言語メッセージと非言語メッセージ

大橋理枝

《学習のポイント》
・メッセージの種類とその具体例を把握する
・言語の基本的性質を理解する
・言語コミュニケーションと非言語コミュニケーションとの共通性及び違いについて考える
・非言語メッセージの役割について理解する
・身体動作，身体接触，及対人距離について把握する

1. 言語と非言語

　第1章で，コミュニケーションとは言語だけで行うものではないと述べた。日本語文化圏で初対面のあいさつをするとき，改まった場であれば，私たちはほとんどの場合相手に対してお辞儀をする。親しい友だちに何かの当番を代わってもらうときなど，「ゴメンネ！」と言いながら顔の前に手を立てたりする。電車やバスに乗って遠くに行ってしまう友だちに対して，相手が見えなくなるまで手を振ったりする。これらの動作はいずれも非言語メッセージとしての役割を果たしていることを考えれば，私たちは決して言語だけでコミュニケーションを行っているのではないことはたちどころに理解できる。
　表3-1は第1章で述べた言語／非言語及び音声／非音声の軸で分類したコミュニケーションをメッセージの種類から整理したものである。

表 3-1 メッセージの種類（末田・福田，2011，p.20 を参考に一部改変）

メッセージの種類	具体例	名称
言語音声メッセージ	口頭言語	
言語非音声メッセージ	書記言語，手話	
非言語音声メッセージ	声の張り，高さ，話す速さなど	韻律要素・準言語
非言語非音声メッセージ	髪型，体格・体形など	外見的特徴
	抱きしめる，頭をなでるなど	身体接触
	身振り手振り，視線，姿勢など	身体動作
	香水・デオドラントの使用など	におい，香り
	対人距離など	空間
	時間の捉え方など	時間
	服装，持ち物など	人工物
	家具の配置，壁の色など	環境要因

　この表からも多様な非言語メッセージがあることがわかる。非言語メッセージはコミュニケーションの過程でやり取りされる「言語以外のシンボル・記号の組み合わせないし連続体」（石井，2013，p.289）である。極めて曖昧な感じがするが，この定義を検討するに当たって言語メッセージと非言語メッセージの比較を行いたい。そのためには，言語の基本的な性質について考える必要がある。

2．言語コミュニケーションと非言語コミュニケーション

言語の基本的性質

　世界中に幾つ言語が存在するかについては諸説ある[1]が，それらに共

---

1) 非定住社会の存在や治安の悪い社会があるためすべての地域を調査しきれないこと，言語が「生きている」ためには何人話者がいなければならないかについて専門家の間でも意見が一致していないこと，「言語」と「方言」の区別が極めて政治的・恣意的に行われるために何を「言語」と数えるかが数え方によって異なってしまうことなどが主な理由として挙げられるが，2014 年 2 月 4 日現在，この分野の主要な学術誌である *Ethnologue* には，現在地球上で「生きている」言語は 7,105 語であると記載されている。（http://www.ethnologue.com/world　2014 年 2 月 4 日参照）

通した性質として，末田・福田（2011）は(1)超越性，(2)恣意性，(3)生産性，(4)文化的伝承性[2]，(5)非連続性，(6)二重性，を挙げている。以下にそれぞれについて詳しく述べる。

「超越性」というのは，時間・空間を超えて今・ここに存在するもの以外の事柄について述べることができるという言語の性質である。私たちが明日の予定を語ることができるのは，現在と未来を区別するという時間の概念を持っているとともに，「明日」という言葉があってはじめて，今から一日後のことを語ることができるのだということである。

「恣意性」というのは，ある言葉がある対象を指し示すとき，その両者の間の関係は恣意的であり，特定の言語の規則に則ったものでしかないということである。即ち，ある言葉とそれが指し示す対象との間に必然的なつながりはない。例えば，今から24時間以内の未来のことを「アシタ」という言葉で指し示さなくてはならない必然的な理由はなく，日本語の規則でそのように決まっているからそのように言葉を使っているのだということである（だからこそ，別の言語規則に則れば，同じ対象を別の言葉で—この場合は tomorrow という言葉や demain という言葉で—示すことになる）。

ところで，言語は様々な「部品」から構成されていると考えることができる。音声的な部分を構成する「部品」としては「音素」があり，意味を担う部品としては「語」や「形態素」などがある。いずれにしても，これらの「部品」はそれぞれ区切りがあり，一部のものは差し替えが可能である。「生産性」というのは，この「部品」を交換することによって自由に新しいことが言える，という性質である。この性質を利用すればこそ，私たちは初めて見る状況を述べることもできるし，事実とは異なった状況を述べることもできる。

また，言語は必ず文化の一部として社会化の過程で学習するものであ

2）末田・福田（2011）では「文化的伝承」となっているが，ここでは他と揃えるために「文化的伝承性」とする。

る。生まれつき言語が話せる人間はいない。私たちは周囲の他人とのやりとりを通じて言語を獲得していくのである。また，言語は次世代に伝えていかれなければ「死んで」しまう。このように，言語が文化の中で学ばれる必要があり，また文化の中で伝えられていく必要があるという性質が，言語の「文化的伝承性」である。

　言語を構成する「部品」は，それぞれの間に「切れ目」がある。だからこそ，部品の入れ替えが可能であり，「言語の生産性」が担保されるのだが，この「切れ目」の存在が言語の「非連続性」と呼ばれる性質である。例えば動物の鳴き声と比べたときに，人間が用いる言語の方が遥かにそれぞれの「部品」ごとの「切れ目」（「部品」の大きさによって単語の区切れだったり文の区切れだったりするが）が明確である。また，人間の言語は，音と意味とを一対一対応させていない。即ち，限られた音を組み合わせることによって別の語（同音異義語も含めてではあるが）を形成させているのである（もし音と意味とが一対一対応してしまっていたら，広辞苑に載っている語の数＝24万もの音を区別できなければならないことになる）。これが，言語の「二重性」，即ち言語には音のレベルと意味のレベルとがそれぞれ別の階層として並存する，という性質である。

言語コミュニケーションと非言語コミュニケーションの比較

　さて，このような言語を用いて行われるのが言語コミュニケーションであり，そうでないのが非言語コミュニケーションである。両者を，言語の本質に照らして比較してみよう。

　まず，「超越性」について検討してみよう。私たちは，今現在，目の前にないものについて，非言語メッセージだけで語ることができるだろうか。例えば「昨日」や「明日」という概念を表す動作がない限り難し

いのではないかと思われるが，残念ながら日本語の言語文化圏で使われている非言語記号の中にはそのような概念を表す動作はない。このことから，言語コミュニケーションと比べて非言語コミュニケーションは超越性に関しては劣ると考えられる。

　次に「恣意性」について考えてみよう。例えば，私たちは物の形を示すためにその物の形をなぞらえて手を動かしたりする。そのことを考えれば，非言語コミュニケーションの場合は対象との間の関係は恣意的とはいえない。一方，私たちが日本語文化圏で別れのあいさつをするときに使う手を振る動作は，それが別れの名残惜しさを表すことと必然的な関係があるかと問われれば，先の例よりは難しいだろう（実際，日本語文化圏でないところでは別れの名残惜しさを表すのに別の動作を用いる）。このように考えれば，非言語コミュニケーションは言語コミュニケーションに比べて，恣意性の度合いは落ちるが，完全に恣意性が欠落しているともいえないと考えられる。

　「生産性」に関しては，私たちは新しいものに出会ったときに，それを見たことがない他人に説明しようとすれば，かなり懸命に身振り手振りを交えて説明しようとするだろう。そのことを考えると，非言語コミュニケーションでもある程度の生産性はあるといえそうである。

　日本では肯定の意図を表す動作として首を縦に振るが，これは実は世界共通ではない。肯定の意図を表す動作として首を横に振る文化圏もある（インドの例：桝本，2000；ブルガリアの例：池田・クレーマー，2000）。また，日本語文化圏では親指と人差し指で輪を作る動作や，人差し指と中指を立てる動作をするが，別の文化圏では同じ動作がまったく別の意味で用いられる（桝本，2000）。このようなことから，非言語コミュニケーションも言語コミュニケーション同様，極めて「文化的伝承性」の強いものであるといえる。

私たちが身体動作を用いて非言語コミュニケーションを行おうとする場合，その動作には一定の始まりと終わりがあるだろう。しかし，第1章でも見たとおり，非言語コミュニケーションに用いられるものの中には服装や体格・体形など，かなり長期にわたって変わらないものもある。そのことを考えると，非言語コミュニケーションは言語コミュニケーションよりも「非連続性」は低いといえる。むしろ，私たちは様々な非言語メッセージを連続的に送信・受信していると考えた方が適切であろう。

　「二重性」という点については，言語コミュニケーションにおける二重性のような，音と意味との間が一対一対応していないという点よりも，非言語コミュニケーションの中にも意味のある部分とない部分とがあるという点を考えた方がより興味深いだろう。非言語メッセージの中には意図的に発信するもの（何かを伝えようとして行う動作など）と，意図的に発信してはいないにもかかわらずメッセージとして受け取られてしまうもの（服装から流行への無頓着さが受信されてしまったり，ボサボサになっている髪型から遅刻寸前で到着したことが受信されてしまったりなど）とがある。この意味での二重性というのは言語の二重性とは異なるが，非言語コミュニケーションにおける「二面性」として考慮してよい点であろう。

　ここで一つ付け加えておきたいことは，言語メッセージは必ず人の頭の中で創造されるということである（厳密にいえば，熱いものに触れてしまった際に脊髄反射で手を引っ込めるのと同時に「あつっ！」と言ってしまうような場合を除く必要があるが）。つまり，基本的には言語メッセージは意図的に送信されるものである。それに対して，非言語メッセージは必ずしも意図的に送信されていない場合も多い。自分では意識していない立ち居振る舞いがこちらの態度を表すメッセージとして機能してしまったり，自分では気づかない声の張りの強弱がこちらの健康状態を

表すメッセージとして機能してしまったりする場合がある。このように考えると，言語コミュニケーションと非言語コミュニケーションとを比べた場合に，言語コミュニケーションの方が意識的にコントロールしやすく，非言語コミュニケーションの方がコントロールしがたいといえる。

このように比較してみると，言語コミュニケーションと非言語コミュニケーションは，異なる部分もあるし，共通する部分もあることがわかる。次節では非言語コミュニケーション自体について，もう少し考察を深める。

3．非言語メッセージの役割

ここでは言語メッセージとの関連から見た非言語メッセージの役割について，大坊・磯（2009）の分類[3]に従って整理してみる[4]。

1．反復

言語メッセージで伝えたのと同じ内容を非言語メッセージでも伝えること。例えば「バイバイ」と言いながら手を振る場合などが当てはまる。

2．矛盾

言語メッセージで述べている内容と矛盾する内容の非言語メッセージを用いること。例えば，「緊張なんかしていません」と言いながらも，冷や汗をかいたり，手や声が震えたりしている場合などが当てはまる。言語メッセージと非言語メッセージとが矛盾する場合は，非言語メッセージの方が真実を表していると考えられている。これは先に述べた，言語コミュニケーションより非言語コミュニケー

3）この分け方も統一見解ではない。プリブル（2006）は「確認」「修飾」「代用」「コミュニケーション管理」「矛盾」の5つに，桜木俊行（2013）は「補完・代用作用」「反復・強調作用」「相反作用」「調節作用」の4つに分類している。末田・福田（2011）は「代用」「補強」「否定」「調節」「人間関係の提示」「言葉で言いにくいことを伝える」という6つの機能を提示している。

4）但し内容については上記の他の文献も参考にした。

ションの方がコントロールしがたいという性質による。
3．補完
　言語メッセージで伝えた内容を非言語メッセージで補うこと。例えば，「頑張ってね」と言いながら相手の肩を軽く叩く場合などが当てはまる。
4．置換
　言語メッセージの代わりに非言語メッセージを使ってコミュニケーションを行うこと。例えば「バイバイ」と言わずに，手を振る動作だけを行う場合などが当てはまる。
5．強調／和らげ
　メッセージの中の特定の部分を強調したり和らげたりするために非言語メッセージを使うこと。例えば強調したいところをわざと区切って言ったり，和らげたいところで穏やかな声のトーンを使ったりする場合などが当てはまる。
6．調節
　非言語メッセージを用いてコミュニケーションの流れを調節すること。例えば話を聞きながら時計に視線を向けることで，もう話すのを止めてほしいという意図を示す場合などが当てはまる。

　ここでもう一点指摘しておきたいのは，非言語メッセージの中にも，それ自体で意味がわかるものもあれば，状況に応じて解釈が変わるものもあるということである。前者の例としては，別れのあいさつのときに手を振る動作などが挙げられる。一方，お辞儀などは，コンテクスト次第で「よろしくお願いします」という意味で使われたり，「申し訳ありません」という意味で使われたりする。「反復」や「補完」として使われる非言語メッセージはそれ自体で意味がわからなくても構わないが，

「代用」として使える非言語メッセージはそれ自体で意味がわからなければメッセージとして機能しなくなってしまう。このことを考えると，非言語メッセージの中でも，言語と同じように「シンボル」としての機能を強く持っているものと，そうでないものとがあることがわかる。この点を身体動作に絞ってさらに詳しくみてみよう。

4．身体動作

第1節で挙げた様々な非言語メッセージのうち，私たちが身体の一部を動かしてメッセージとしているものを身体動作という。具体的には，ジェスチャー，アイコンタクト，顔の表情，姿勢などが含まれる。特にジェスチャーは私たちが「非言語コミュニケーション」といわれて最も先に思い浮かべるものであろう。（が，実際には他にも多くの非言語コミュニケーションの手段があることは覚えておいて頂きたい。）

身体動作の機能

私たちが身体動作を使う場合，どのような目的で使うだろうか。前節で挙げた非言語メッセージの分類に照らして考えたとき，どのような身体動作であれば，それぞれの分類に当てはまるかを考えてみたい。その際，身体動作自体を幾つかの機能に分けてみると考えやすい（リッチモンド・マクロスキー，2003＝2006；末田・福田，2011)[5]。

A．表象記号（エンブレム）
　その身体動作自体が，それが表している事柄と必然的な関係を持っておらず，何かの記号として使われているような身体動作のこと。肯定の意図で首を縦に振る，別れを惜しむ意図で手を横に振る，などが当てはまる。

5）訳語はリッチモンド・マクロスキー（2003＝2006）と末田・福田（2011）とを比べて理解しやすい方を採用した。

B．例示的動作

その身体動作が表している対象と，その動作の間に必然的な関係があるような動作のこと。物の形や大きさを表す動作などが当てはまる。

C．感情表示

様々な感情を表す動作のこと。意図的に行う場合もあるし，意図しないで行われる場合もある。例えば，喜んでいることを表すために笑顔を作る場合や，汚いものを見て無意識のうちに視線をそらしてしまうことなどが当てはまる。

D．調整的動作

会話を続けたり止めたりするために使う動作のこと。相手が話し続けることを促すために頷く動作や，相手に話すのを止めさせるためにペンで机を叩く動作などが当てはまる。

E．適応的動作

その場の状況に自分を適応させるための動作のこと。無意識に行っているものが多い。テストを受けているときに行うペン回しや，緊張しているときに頭を掻くなどの動作が当てはまる。

表象記号として使われる身体動作は，その動作が意味する内容がわからなければメッセージとして機能しない。その点において，表象記号はかなり言語に近い性質を持っているといえる。だからこそ「代用」の機能を果たすことができるのである。逆に，例示的動作はそれだけでははっきりとしたメッセージ内容になりにくいため，「補完」などの機能を果たすことが多い。感情表示は人間の生物学的な側面に基づいているといわれるが，どの場面でどの感情を表していいかについては文化的な制約が強いことが知られている。調整的動作についても，どのような身体動作が調整的動作として機能するかに文化差があるといわれている。適応

的動作については無意識に行っている場合が多いため，無意図的コミュニケーションの原因になりやすい。また，どのような動作が無意図的な動作であるのかの共通理解が基盤になって解釈されるともいえる。

このように考えると，日本語文化圏ではどのような身体動作がどのように理解されるのかについて考える必要があることがわかる。この点については本章の最後で検討してみよう。

5．身体接触

私たちは他人の身体に触れるという行為を通してメッセージを伝えることがある。抱きしめる，手を握る，肩を叩く，というような友好的なメッセージもあれば，殴る，蹴る，叩くといった相手に痛みを感じさせることを通して非友好的なメッセージを伝えるコミュニケーションもある。また，互いにあいさつを交わす際に身体接触を伴うメッセージを送り合う文化も多い（握手，ハグ，頬へのキスなど）。これらの身体接触はその文化の中では「あいさつ」という記号として使われている。このような身体接触を「儀礼的身体接触」という。それに対して，愛情表現の発露として行われるキスやハグなど，メッセージを送る人の気持ちを（記号としてではなく）そのまま表現した身体接触を「本能的身体接触」として区別する（末田・福田，2011）。また，身体接触はまだ言語を獲得していない幼児にとってはかなり重要なコミュニケーションの手段となると考えられている（末田・福田，2011）。

基本的に身体接触は立場が上の者から下の者に向けて行われるか，対等な立場の間柄同士で行われるものであり，目下の者から目上の者に対して行われるものではない（リッチモンド・マクロスキー，2003＝2006）。末田・福田（2011）は，非言語コミュニケーションの機能の一つに「コミュニケーションの当事者同士の人間関係を提示する」（p.144）という

点を挙げているが，それを最もよく表すものの一つが身体接触であるといえる。

6．対人距離

　私たちは自分の周りに他人に入られたくないと感じる空間を持っており，この空間を「パーソナル・スペース」と呼ぶ。また，人が他人との間に確保する距離のことを対人距離（物理的対人距離）[6]と呼ぶが，これは相手がどのような関係の人であるかによって異なる。基本的には，親しい間柄の人であれば近くに寄っても構わないと感じられるし，赤の他人であればなるべくその人との間隔を確保しておきたいと感じられる。但し，その相手と今後何らかのやりとりを行うことが予想される場合には，一期一会の相手よりは間隔を縮めておきたいと感じられるし，友人同士であればもっと近くにいたいと感じるようである（大坊, 1998）。桝本（2000）は Hall（1966）が調べたアメリカ東部在住者の対人距離の区分を次のように紹介している。

- 密接距離（0〜45 cm）　相手の存在が明確で，密度の高い接触が可能。秘密ごとやより私的な話題が中心。
- 個人的距離（45〜120 cm）　相手の表情がよくわかり，比較的容易に接触可能。私的，個人的話題が中心。
- 社会的距離（120〜360 cm）　公的で形式ばっていて，努力なしには接触不可能。半個人的・半公的。仕事上の話題が中心。

---

[6] 異文化間コミュニケーションの分野では E. T. Hall が提唱した proxemics の訳語として「対人距離」という語を用いている。これは物理的な距離の意味で用いられる語だが，本書では社会的・心理的な相手との距離を指す際にも「対人距離」という語を用いるため，区別するために「物理的対人距離」とする。もちろん，両者の間には強い関連があり，社会的・心理的距離が遠い相手とはより多くの物理的対人距離を確保しようとするし，社会的・心理的対人距離が近い相手に対しては物理的対人距離がある程度近くても不快に感じない。

・公的距離（360〜750 cm）　相手との私的な関与は少なく，公衆に呼びかけるタイプの接触。公的話題，講義，演説。

(p.90)

　また，桝本（2000）は上記の対人距離が文化によって異なることも紹介しており，日本人は上記より長めであるとしている。

7．日本語文化圏で使われる非言語メッセージ

　以上幾つかの非言語メッセージを特に取り上げてみてきたが，第1節で述べた非言語メッセージの中で，日本語文化圏でよく使われるものを中心にまとめてみる。

準言語

　「何を言うか」ではなく「どう言うか」に関わる声の高低や張りの強弱，話すスピードや間の取り方などの非言語音声メッセージを「準言語」（paralanguage）と呼ぶが，その一種である「沈黙」も日本語文化圏ではメッセージとして機能することがある。例えば，誰かからの誘いを断りたいとき，目上の人に対してあからさまに反対はしたくないが賛成しているわけではないことを表したいときなどに，意図的に沈黙が使われる場合がある。また，他人に何かを依頼したいときに，依頼内容を途中までしか言わずに，肝心の部分を「沈黙」で伝えようとすることもある。この「沈黙」という形で記号化されたメッセージを，その場のコンテクストに照らして「正しく」解釈することが求められるのも，日本語文化圏がコンテクスト依存型のコミュニケーション・スタイルを持っているといわれる所以である。この点については第10章で再度取り上げる。

身体動作

　これまでに見てきたとおり，日本語文化圏では改まった場では基本的に相手と自分との間には上下差があることが通常の状態であるとされており，言語メッセージとしてもそれを表すような言葉の使われ方が多い。この点については非言語メッセージも当然同様の方向性を持つ（「矛盾」の機能の場合はそうとは言い切れないが）ため，改まった場では相手を高め，自分を低めるような非言語メッセージが多様される。例えば「お辞儀」という身体動作の中でこのことを表そうとすると，自分の方が相手より立場が低いと思っている側が，相手より深く，また長くお辞儀をしようとすることになる。例えば図3-1の写真では中央の3人は誰が誰より立場が上であるか，一目瞭然でわかるだろう。

　日本語文化圏では，自分より目上だと認識する相手の前では，あまりリラックスした姿勢は取らない。また，目上の人の話は聞かなければならないという意識からか，目下であると自認する人の方が相手の方を注視する傾向があるといわれる。また，伝統的には目下の者が直接目上の者の目を見るのは不遜であるとされていた。一方，視線には勢力を表示する機能があるため，目上の者が目下の者に対して自分の優位性を示すような視線を送ることはあり得る（リッチモンド・マクロスキー，2003＝

図3-1　お辞儀の深さと相対的立場の関係

2006)。

　この他に，表象記号として使われるジェスチャーは数多くあるが，基本的には日本語文化圏のみで通じるものであり，他の文化圏に行っても通じるとは思わない方が無難である。日本語文化圏特有のジェスチャーとして特に有名なのは，自分のことを指すときに自分の鼻を指す動作，笑うときに口に手を当てる動作，飲みに行くことを示す際に使うお猪口を傾ける動作などがある。

身体接触

　日本語文化圏では儀礼的身体接触はほとんど行われないといってよく，行われる身体接触のほとんどが本能的身体接触である。また，その本能的接触についても，他の文化よりは少ないという研究もある（リッチモンド・マクロスキー，2003＝2006）。日本語文化圏にも，身体接触を行うのは目上の者から目下の者に対してか対等な関係にある者同士であるという社会規範があるため，身体接触は対人関係の相対的上下を表すメッセージとして機能する。

対人距離

　先にも述べたとおり，Hall（1966）が提唱した物理的な対人距離の区分には文化差があることは知られているが，日本語文化圏での物理的な対人距離がホールの分類より遠いのか近いのかについては，これまでに研究成果が分かれてきた。日本が非接触文化であることを考えれば，物理的な対人距離はおおむね遠いようにも思える反面，電車の座席の幅などはかなり狭く取られているように感じられるし，大学の講義室の座り方を考えても，一概に物理的な対人距離が遠い社会であるとは言えないことがわかる。実際，誰とどのようなコミュニケーションをしようとし

ているのか(例えば，基本的に電車の中の座席も，大学の講義室の机も，互いに仲良くお喋りすることを主目的にして設置されているわけではないだろう）によって，同じ日本語文化圏でもかなり変わると考えた方が無難であろう．

引用文献

池田理知子・クレーマー，E. M．（2000）『異文化コミュニケーション・入門』有斐閣．
石井敏（2013）「非言語メッセージ」〈石井敏・久米昭元 編集代表〉『異文化コミュニケーション事典』春風社．
桜木俊行（2013）「非言語コミュニケーション」〈石井敏・久米昭元・長谷川典子・桜木俊行・石黒武人〉『はじめて学ぶ異文化コミュニケーション：多文化共生と平和構築に向けて』第6章（pp.135-157）有斐閣．
末田清子・福田浩子（2011）『コミュニケーション学：その展望と視点』増補版 松柏社．
大坊郁夫（1998）『しぐさのコミュニケーション：人は親しみをどう伝えあうか』サイエンス社．
大坊郁夫・磯友輝子（2009）「対人コミュニケーション研究への科学的アプローチ」〈大坊郁夫・永瀬治郎 編〉『関係とコミュニケーション』第1章（pp.2-35）ひつじ書房．
プリブル，C. B．（2006）『科学としての異文化コミュニケーション』ナカニシヤ出版．
桝本智子（2000）「非言語」〈西田ひろ子 編〉『異文化間コミュニケーション入門』第2章（pp.75-100）創元社．
リッチモンド，V. P．・マクロスキー，J. C．〈善本淳 訳〉（2003＝2006）「ジェスチャーと動作」V. P．リッチモンド・J. C．マクロスキー〈山下耕二 編訳〉『非言語行動の心理学』第3章（pp.50-74）北大路書房．
Hall, E. T. (1966) *The Hidden Dimension.* NY：Doubleday．

4 | あいさつのコミュニケーション

滝浦真人

《学習のポイント》
・あいさつが言語コミュニケーションと非言語コミュニケーションの境界にあること
・種々のあいさつは異なった心理的・社会的対人距離を表すこと
・あいさつ言葉の持つ意味から様々なあいさつが表す心理的距離を考える
・コミュニケーションにおけるあいさつの本質的機能について考える

1. 言語と非言語の境界

　コミュニケーションは言語と非言語の領域にまたがるが，その両方の要素が最も現れるのが「あいさつ」である。
　日常を振り返ってみてほしい。「おはよう」と誰かにあいさつするとき手を振る，あるいは「おはようございます」と言いながらお辞儀をする，といった具合に，あいさつは動作を伴うことが多い。明確な身振りほどではなくとも，顔の表情やアイコンタクトを伴わないあいさつは，あまりないか，少なくとも，あいさつらしさの度合いが下がるだろう。言語的な表現は分析的で理知的，非言語的な表現は総合的で情緒的，と大まかに言えるとすれば，この両方に等分にまたがるあいさつという行為は，言語の側から見れば"最も言語的でない"ことになる。その意味であいさつは，言語と非言語の境界に位置している。
　さて，本章で考えたいのは，そのような特異な位置にあって，おそら

く世界中の言語に普遍的に存在する現象について,
　　　（あいさつによって）人は何をしているのか？
ということである。そもそも，あいさつとは何だろう？　言葉は意味を伝えるといわれるが，ではあいさつはどんな「意味」を伝えているだろうか？　もっといえば，「おはよう」とか「こんにちは」と人が言うとき，そこに「意味」があるといえるだろうか？　いえるとすればどのような？　そういうことを考えたい。

　ではまず，事例を並べてみるところから始めよう。非言語行動は目に見えるので違いも見えやすい。現代日本のあいさつとしては，上でも挙げた「お辞儀」と「手を振る」のが代表的といえる。前者の系列には，会釈や座礼を含めることができ（土下座というのもある），後者の系列には，手を上げるだけや敬礼のような仕草などを含めることができる。日ごろあまり考えることはないが，この２つの形を比べただけでも，ずいぶん違うことをしていないだろうか？　お辞儀をしたら相手が見えなくなる。他方，手を振るのは気づいてほしいという合図である。

　日本ではあまり一般的でないが世界的に最も広く行われているあいさつとしては「握手」がある。握手は互いの手を握り合うが，互いの身体を抱き合う格好になると「ハグ（hug；抱擁）」となる。世界には様々なあいさつの動作があって，ハグにさらに顔の一部を触れ合わせるバリエーションがある。キス（場所や度合いは様々）のほか，互いの鼻を触れ合わせる（ニュージーランドのマオリ），互いの臭いを嗅ぐというのもある（モンゴル）。これらはすべて身体接触のあいさつである。

　日本のあいさつの２つの類型を比べたらその違いは大きいように思われた。しかしそれらをこの身体接触的な系列と比べるならば，日本のは身体接触を伴わないわけだから，両者の違いは大変大きいと言わなければならない。このように，様々な類型を並べて見ながら，それらを比較

する観点を探ってゆくことで，あいさつを捉える尺度を手にすることができる。

あいさつを捉える尺度　―対人距離―

　身体接触の有無は重要な観点になるだろう。さらに，接触にも程度のあることがわかる。また，物理的接触はなくても，視線を合わせるなど相手を見ることは，相手を見ないこととは意味が違いそうに思われる。そこで，これらを包括する尺度として，前章で紹介した「対人距離」は有効そうである。

　これまでに挙げたすべての例を対人距離の尺度の上に置いて図にしてみよう。（　）内に補足を加える。

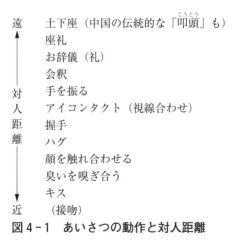

図4-1　あいさつの動作と対人距離

一つ注意してほしい。非言語コミュニケーションで「対人距離」という場合は物理的な距離のことだが，ここでは言語的なあいさつまで含めて考察したいので，相手と直接・間接に触れ合う程度や可能性の大きさと

いう意味で用いる。例えば，アイコンタクトをする2人の実際の距離は様々に変わるだろうが，間接的であれ視線を"触れ合わせる"という接触が生じることは変わらない。それに対し，日本式の礼は，深いお辞儀であれ軽い会釈であれ，相手の顔や目を見たままでは具合が悪く，一瞬でもいいから視線を外すことが肝心である。欧米など，あいさつにアイコンタクトが欠かせない文化で育った人は，日本式の礼をする際にも視線を外すことができず，奇妙に見えてしまいやすい。また逆に，視線を外すという意識の強い日本人が，握手などをする際に視線を外してしまうと失礼な印象を与えることになる。

　こうした距離の観点から見たとき，「土下座」は何を意味するだろうか。実際の距離は近くても構わないのだが，土下座や「叩頭」（頭を地面に着けるほど低くする）をした場合，地面からの視線の高さが決定的に変わることになる。相手と同じ高さにあれば，何かのはずみで視線が合ってしまう可能性があるが，高さを完全に変えてしまうことで，そうした偶然が起こる可能性も封じることができる（つまり土下座をした状態で相手の顔を見ることはとても難しい）。そう考えると，土下座の類の機能は，相手を見ないことの保証にあるということができる。

　相手に触れることはいうまでもなく，見ることさえも忌避しようとするこうした習慣は，聖なるものに対するタブー（禁止）に由来すると考えるのが考えやすい。宗教的に高い価値を認められている聖なるものが，祭のような特殊な機会にのみ見ることが許されるといったケースや（「御開帳」とはそれである），非常に高貴な人物で見ることが許されないというケースも珍しくない（加えていえば，ユダヤの神や中国皇帝のように"呼ぶ"ことさえ許されていない場合もある）。現代の町中などで言いがかりをつけて脅しをかけるような人が，「てめえガンつけたな」といった言い方をすることがある。「ガン」はもちろん「眼」で，要する

に"目を見た"ということが不当な"領域侵犯"だと言うのだが，タブーの観点からしてまったく理がないとはいえないところに悩ましさがある。

これらに対して，図の下半分は，物理的にも相手と触れ合う，対人距離の近いあいさつである。下に行くほど接触の程度が上がることは説明を要しないだろうが，キスの中でも「接吻」を最たるものとして，鼻と鼻をすり合わせるとか臭いを嗅ぎ合うといった動作は，どう解釈すればいいのだろうか。これらの動作は基本的に親密さを感じさせるものである。キスなどわかりやすいが，限定的な間柄でしか行われず，関係や場面によっては犯罪と認定されることさえあり得るわけで，そう考えるとこれらの動作は，（たとえ初対面であっても）自分たちはこれほどの親しさに値する，旧知の仲だと思って付き合ってほしい，といった"ふるまいとしての親しさ"の表明であると了解することができるだろう。

このようにコミュニケーションを対人距離の尺度から捉える方法は一つの明快な見通しを与えてくれる。その理論的な捉え方などについては次章で扱うこととし，次にあいさつの言語的側面に目を転じよう。

2. あいさつは何を述べる？

そもそもあいさつとは何をすることなのか？　との問いは実は大変奥行きがあって容易には答えがたいが，さしあたり，かなり普遍的に観察されると思われる各言語の「あいさつ言葉」（あいさつ専用の決まり文句）に焦点を当てて，あいさつ言葉の字義的な意味から，あいさつが何を表しているかを考えてみたい。

一般に，あいさつにはこれといって意味などないと理解されているし，実際それで何の問題も生じない。しかし，あいさつも言語の一部であり，あいさつ言葉も言葉である以上，そこから言語的な意味を読み取ること

もまた正当な作業である。では，いくつかの言語におけるあいさつ言葉から，出会いと別れのあいさつを拾ってみよう。その際，各あいさつ言葉の意味（日本語の何に相当するか）に加え，字義的に解釈した場合にその言葉が何を意味しているかの直訳を［　］内に示す。

(1) あいさつ言葉の意味
　a 《日本語》
　　出会い　「おはよう」　　［早いね］
　　　　　　「こんにちは」　　［今日は…］
　　　　　　「やあ」　　［やあ］
　　別れ　　「さようなら」　　［そういうことなら…］
　　　　　　「じゃあね」　　［では…］
　　　　　　「またね」　　［またね］
　b 《韓国語》（例がいずれも韓国の言い方なのでこう表記する）
　　出会い　"안녕하세요."〔アンニョンハセヨ〕　こんにちは
　　　　　　［安寧になさっていますか］
　　別れ　　"안녕히 가세요."〔アンニョンヒ　ガセヨ〕　さようなら
　　　　　　［安寧に行ってください］
　　　　　　"또 만나."〔ッド　マンナ〕　またね　［また会おう］
　c 《中国語》（漢字は便宜上日本で用いられている漢字を優先した）
　　出会い　"你好."（ニーハオ）　こんにちは　［あなたは具合がいい］
　　　　　　"你早."（ニーザオ）　おはよう　［あなたは早い］
　　　　　　"晩上好."（ワンシャンハオ）　こんばんは　［よい夕べ］
　　別れ　　"再見！"（ザイチェン！）　さようなら　［再会を］
　d 《英語》
　　出会い　"Good morning / afternoon / evening!"　［よい朝／午後

　　　　　　／夕べ］
　　　　"How are you?"　［あなたはどんな具合？］
　　　　"Hello."　［もしもし］
　　別れ　"See you again! / See you next!"　［また／次に会おう］
　e《フランス語》
　　出会い　"Bonjour!"（ボンジュール）　こんにちは　［よい日］
　　　　"Salut!"（サリュ）　こんにちは　［あいさつ］
　　　　"Ça va?"（サヴァ）　元気？　［うまく行ってるか？］
　　別れ　"Au revoir!"（オルヴォワール）　さようなら
　　　　　　　　　　　　　　　　　　　　　　［再会のために］

　あいさつなんて何処も同じ，と思いたくなるが，意外に多様であることがわかる。とはいえ，言われている内容はいくつかの系に整理できそうでもある。やってみよう。一番目立つのは，相手に対する気遣いを述べているもので，英語の"How are you?"やフランス語の"Ça va?"がそうだし，中国語の"你好"も同じようなことを言っている。韓国語の"アンニョン…"は最も内容を伴ったあいさつ言葉ともいえ，明示的な気遣いの表現である。これらを仮に「気遣い系」と呼ぶことにしよう。次に目立つのは「日／朝／夕」などについて「良い」ことを述べるもので，英語の"Good morning!"やフランス語の"Bonjour!"をはじめとして，ヨーロッパの言語ではこのタイプのあいさつが目立つ（ドイツ語の"Guten Tag!"などまさにそう）。アジアの言語でも，中国語の"晩上好"などその系に収まる。これらを仮に「日和(ひより)系」と呼ぶことにしよう。さらに，それとも異なるものとして，相手との出会いの時間（の早さ）について言及するあいさつがある。中国語の"你早"がそれで，ここで日本語の「おはよう」が入ってくる。「時間系」とも呼べようか。

別れのあいさつはよく似ていて，韓国語，中国語，英語，フランス語すべて再会に言及している。「再会系」と呼ぶことができる。日本語でも「またね」が入る。このほか，英語の"Hello"は「声かけ系」と言え（"Hi"も同類だろう），日本語の「やあ」も入る。変り種はフランス語の"Salut"で，これは「あいさつ」という意味のあいさつである。

あいさつ言葉の心理的距離

　以上，気遣い系，日和系，時間系，再会系，声かけ系と整理したが，ここで気がつくことがある。そう，日本語のあいさつがあまり含まれていないのだ。日本語の「こんにちは」「さようなら」「じゃあ」には共通点がある。それはいずれも言いさしの形だということであり，本来それに続くはずの本題に当たる部分が述べられないままになっている。言うべき内容を言いかけて終わるということで「言いさし系」と呼べそうだが，だとすると日本語の言いさし系好みは際立っている。

　あいさつの範囲をどこまで認めるかという問題とも関わるが，あいさつ専用というわけではないがあいさつとしても使われる言葉というのがある。日本語の場合，例えば「元気？」という言葉はあいさつ場面でよく聞かれる。「おはよう」に添えて使うという語感だが，親しい友だちなどであれば，これ単独であいさつにもなるだろう。また，韓国語や中国語では，「ご飯食べた？」という質問があいさつになる。

(2)　「詮索系」あいさつ
　　　"밥 먹었어?"〔パン　モゴッソ？〕　ご飯食べた？
　　　"吃飯了吗?"〔チーファンラマ？〕　ご飯食べた？

これを言われたら，「食べた」とか「まだ」とか答えてもいいし，直接

は答えず「そっちは？」と問い返してもいいという。日本的には，こう言われたら誘われているという解釈を発動させ（どうしようかと考え）るのが普通だが，特に誘っているわけではない。これらを気遣い系の一つと見ることも可能だが，相手のことについての詮索的な質問をしている点で相手の領域への踏み込みが強いと捉え，「詮索系」として分けることもできよう。

　さて，こうした分類から何が見えてくるだろうか？　最後の方など鮮明に対比が出ているように見える。非言語的あいさつ動作についてしたのと同じように，言語的あいさつ内容についても，相手の領域にどのくらい踏み込んでいるかの程度によって，比喩的な意味での対人距離の尺度上に並べることができる。その遠近があいさつの心理的距離となる。

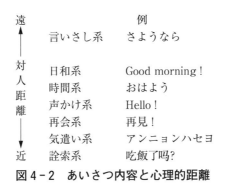

図4-2　あいさつ内容と心理的距離

顕著なのは，言いさし系あいさつの心理的距離が際立って大きいことである。人ではない対象への言及である日和系も相対的に距離は大きいが，言いさしというのは事柄そのものに触れていないのだから飛び抜けている。反対に，気遣い系や，とりわけ詮索系のあいさつは，相手の領域に積極的に触れようとすることになるので，心理的距離は小さくなる。距

離の小さいこれらのタイプが，韓国語や中国語といった近隣の言語に特徴的である点は興味深い。

3．あいさつのコミュニケーション論的機能

　以上見てきたことから，あいさつは，言語的にも非言語的にもある一定の対人距離を表すということがわかった。大きな対人距離は（物理的／心理的・社会的に）相手に触れないことで"失礼のないように"ふるまうことに通じ，反対に小さな対人距離は相手と触れ合うことで"気の置けない間柄として"ふるまうことに通じる。この相違はたしかに互いに反対の方を向いている。

　では，そのように反対向きの何かを表しながら，あいさつがあいさつという一つの行為として果たしているコミュニケーション上の機能はどこにあるのだろうか？　もう半世紀ほど前の理論になるが，ロシア生まれの言語学者R．ヤーコブソンの「言語の6機能説」はコミュニケーションの持つ面白い機能的諸相を捉える見取り図を提供してくれる。ヤーコブソンは，コミュニケーションを構成する6つの要素を考え，その各々に焦点の当たる働きがコミュニケーションにあると考えた（Jakobson, 1960）。まずコミュニケーションの構成要素を図4-3に示す（用語はわかりやすい言葉に置き換えた）。図中で①～⑥の番号を付けた各要素を焦点化する働きということでヤーコブソンは以下の機能を考えた。

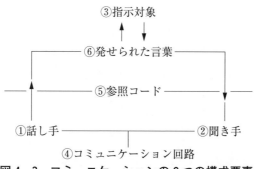

図4-3　コミュニケーションの6つの構成要素

①話し手が焦点になる「表情的機能」
　　例：（事の意外さに驚いて）「えっ？　そんな！」
②聞き手が焦点になる「働きかけ機能」
　　例：（相手に呼びかけて）「あの，すみません！」
③指示対象が焦点になる「指示機能」
　　例：（場所を聞かれて）「あの建物です。」
④コミュニケーションの回路が焦点になる「交感的機能」
　　例：（電話で）「もしもし？　聞こえてる？」
⑤言語の参照コードが焦点になる「メタ言語的機能」
　　例：（聞き返して）「え？　病院？　美容院？」
⑥発せられた言葉そのものが焦点になる「詩的機能」
　　例：（標語の）「注意一秒，怪我一生」

　今後の話にも多少関係してくるので，簡単に解説しておこう。①②③は言語の「人称」とちょうど対応しており，①は1人称的で，話し手自身において表情のように現れ出る言葉がそれ，②は2人称的で，聞き手に働きかける呼称や命令のような言葉がそれに当たる。コミュニケーションという言葉から連想される最も普通の働きは③の指示機能で，これは3人称的に，目に見える／見えない等にかかわらず何か事物に言及しながら何かを指し示したり説明したりする。
　④〜⑥はやや特殊とも思える言葉が出てくるが（そこがヤーコブソンの着眼でもあった），そもそも上のような"普通の"言葉がやりとりされるためには何が必要か，あるいは，ひとたび発せられた言葉は何を生み出してしまうか，といったことと関係している。例えば，④を考えるには逆に，満員電車の中で誰かが独り言を言っている状態を思い描いてみるとわかりやすい。そこにはたしかに人が大勢いて，中の1人が何か

を話しているのだが，周りの人は誰一人としてその言葉に応えはしない。つまりそこでは，（何かモノのように）言葉だけが宙に浮いてしまう。これは要するに，話し手とそれを受ける聞き手との間にコミュニケーションの回路ができていないために，発せられた言葉が受け取られないということを意味する。

　私たちの日常のコミュニケーションはもちろんそうではない。何かを言えば，相手はちゃんと受け取ってくれる。そうであるならそこには，③のような言葉が発せられる前にコミュニケーションの回路が出来上がっていなくてはならないはずだ，とヤーコブソンは考え「交感的機能[1]」と呼んだ。円滑に情報伝達が進行しているときにはあまり表に出てこず，コミュニケーションが何らかの原因でぎくしゃくしたときや，電話などでこれから文字どおり回路を作ろうとするときなどに表に出てくるのがこの機能である。

　コミュニケーションが成立するには，音や単語の種類や文法などについて話し手と聞き手が同じ仕組みに依拠していることが必要となる。いきなり日本語と英語ではコミュニケーションできないし，日本語の中でも相異なる方言同士では十全なコミュニケーションは難しい。そのとき互いの参照しているコードを確認するような働きが⑤で，言語"についての"言葉という意味で"メタ言語"的といわれる。⑥はことば遊びやレトリックなどとの関係が深い働きで，発せられる言葉は必ず音や形を持つため，類似の音や形が続くことでリズムのような詩的な要因が作り出されることになる。つまり言葉はつねに"詩になる可能性を持っている"ということで，ヤーコブソンはそれを「詩的機能」と呼んだ。

　さて，前置きが長くなったが，本章のテーマである「あいさつ」はこの①〜⑥のどれに当てはまるだろうか？　おわかりだろう。答えは④の「交感的機能」である。あいさつが言葉としての内容を感じさせない理

---

[1] 英語で 'phatic function' だが，人類学者マリノフスキーの用語 'phatic communion' に由来する。直訳すると「霊的交感」といった意味合いで，'communion' はキリスト教の「聖体拝領」という意味もある。

由もここにある。通常の内容を伴ったやりとりは③（や①②など）の働きによってなされればいいのだが，しかしそうしたやりとりがそもそも可能になるためには，話し手と聞き手の間で，互いに言葉を交わす用意ができていなければならない。「あいさつ」とはまさに，自分と相手がそうした言葉を交わす用意ができているということを相互に確認するための手段だということになる。

　これまでの話を踏まえ，こうまとめることができるだろう。あいさつはコミュニケーションの回路を設定したり確認したりする機能を持っており，そこで用いられる非言語的および言語的な具体的動作や言葉に応じて，コミュニケーションの回路上で話し手が聞き手とどう向き合うかが示される。対人距離が大きく取られる場合は，話し手は丁重に（かしこまって）聞き手に対する構えであり，対人距離が小さく取られる場合は，話し手が親しく（打ち解けて）聞き手に対する構えであることを意味する。日ごろ当たり前と思っているコミュニケーションが，実はずいぶん念の入った事前の準備によって支えられていることが感じられるだろう。非言語的な側面まで考え合わせれば，あいさつは人間の行為の中でかなり"動物的な"一つであるということもできるだろう。

定型と非定型

　以上のことを理解した上で，一つの，しかし重要なバリエーションについて最後に触れておきたい。それは，あいさつの"儀式性"に関する，言語の違いや人間関係の違いによる度合いの相違についてである。

　一言でいうと，日本語のあいさつは非常に定型性が強い。朝起きてから夜寝るまで，人と関わる何か決まった行為をするときには大体あいさつが決まっており，かつそれは定型的な（決まり文句の）あいさつ言葉によってなされる。加えていえば，それらのあいさつ言葉は，始めと終

わりでペアになっている。「おはよう」は「おやすみ」と対になり、「こんにちは」は「さようなら」と対になり、「いただきます」は「ごちそうさま」と、「行ってきます」は「ただいま」と、各々対をなす。このようなあいさつは世界どこでも同じようなものと思いがちだが決してそうではない。日本語のあいさつ習慣は、明治の終わりごろから「標準語」と「作法」の教育によってかなり人為的に作られた側面が大きい（第2章）。他言語ではそうではないため、例えば英語のあいさつについて、学校でさんざん繰り返させられた（人が多いであろう）パターンは、決してこのような固定的にやりとりされるものではない。

(3) 英語の出会いのあいさつ？
"How are you?"
"I'm fine, thank you. And you?"
"Fine, thank you."

実際には、そのときの状態や気分に応じて、聞き方も答え方も実は多くのバリエーションがあるが、日本から見ると、バリエーションよりも決まった言い方を知りたいというふうに感じてしまうところがある。まさにそれが「日本的」ということである。

　日本から見た場合、あいさつの定型性／非定型性という観点は特に見落としやすいが、例えばあいさつがこれといって決まった定型句でなされるわけではない言語文化など多様な習慣が存在する。その一例が中国のあいさつ習慣である。中国語におけるあいさつの多様性を指摘した研究では、次のような表現があいさつとして機能すると報告されている。

(4) 非定型のあいさつ
完了型：　　"我吃饱了"（お腹が一杯になったよ）
確認型：　　"你走了"（出かけるのだね）
報告型：　　"我回来了"（帰ったよ）
命令型：　　"早点睡"（早く休みなさい）
希望型：　　"早点回来呀"（早く帰っていらっしゃい）
応答型：　　"好的"（うん，わかった）
いたわり型："路上当心，注意安全"（道に気をつけて）
告別型：　　"我走了"（行くよ）
疑問型：　　"睡得好吗"（よく眠れましたか）
　　　　　　"去哪里"（どちらへ）
　　　　　　"干什么去"（何をしに行くの）
親族語彙型："叔叔"（おじさん）
　　　　　　"妈妈"（お母さん）　　　　　　　　　　　（施，2007）

　これらを見ると，日本語でも言う言葉だと思うだろう。しかし日本語では，これだけを言ってもあいさつとは認定されないことが多いはずである。「ごちそうさま，お腹一杯」はいいが，「お腹一杯」とだけ言って席を立ったら，「ごちそうさまも言わないで」と叱られる可能性が高い。中国語では，これだけを言ってあいさつになるという違いである。
　そしてもう一つ，大きな違いとして，中国語では，相手をふさわしい呼び方で呼べば，それだけであいさつになるということが挙げられる（(4)の最後の「親族語彙型」）。実際，中国語の母語話者である人からは，ただの「こんにちは」というあいさつはあまり聞かれない。「先生！　こんにちは」や，しばしば単に「先生！」という言葉をかけられることが多い。これは，何か用があって"呼び止めて"いるのではなく

"呼びかけて" いると考えられる。

　このようにあいさつを捉えたとき，日本語のあいさつが，総じて大きな対人距離を表し，あいさつの言葉も定型的，つまり人間関係に応じた変化が少なく，儀式性が強いという特徴を持っていることは理解しておいてよい。近隣諸国などと比べた場合，この点において日本はむしろ例外的だが，それは伝統の違いというよりもむしろ，明治以降の「作法」教育の産物と見るべきである。

引用文献

Jakobson, R.（1963［1960］）Linguistics and poetics. in *Essais de linguistique générale*. Paris: Éditions de Minuit.（ヤーコブソン，R．〈川本茂雄　監修〉（1973）「言語学と詩学」『一般言語学』みすず書房）

施暉（2007）「日中両国におけるあいさつ言語行動についての比較研究」〈彭飛　編〉『日中対照言語学論文集』和泉書院．

5 | 対人関係の言葉

滝浦真人

《学習のポイント》
・言葉が心理的・社会的な対人的距離感を表現する手段であること
・対人配慮のあり方として「ポライトネス」という考え方を理解する
・心理的・社会的対人距離の観点からポライトネスの類型を考える
・会話の理論の基本原理は何のために必要だったかを考える
・会話の含みのコミュニケーションとはどのようなものかを理解する

1. 言葉と対人距離

　とても複雑かつ微妙で容易には捉えがたいと思っていた対象が、ある観点を設定してみたら、そこから見える断面は意外なほど単純な原理に支配されていた、といったことはままあり得ることである。言葉と対人関係についてもそうで、誰かと結んでいる関係そのものを丸ごと取り出すことなど考えようがないが、関係を構築したり維持したり変化させたりするために人が言葉でしていることは、ある観点から見るとむしろ単純である。その観点とは、すでに何度か出ている「対人距離」である。

　これからも折にふれて言及することになるが、言語には心理的・社会的な対人距離を調節する働きを持つ要素がたくさんあり、人はそれを駆使して、自分が相手とどういう関係にあるか、どういう関係になりたいかといった情報を、頻繁に伝達し合っている。関係そのものは複雑でも、「距離」という尺度は遠近の二方向しかないから、そこに着目してしま

えば，表現されている距離感を捉えることは難しくない。あいさつにおける距離の遠近も，もちろんその一つだった。これも「交感的機能」の一つの例となるが，人は人を頻繁に呼んでいる。前章の最後で触れたようなケースでなくとも，何かを言おうとする前や，言いながら合間合間に，あるいは言い終わった後に，人は相手を呼ぶ。では自分の日々を振り返ってみてほしい。あなたは，暮らしの中で接点のある誰からどう呼ばれているだろうか？

　一つシミュレーションをしてみよう。架空の設定で，日本の首都圏に住む「大屋友美」という名前の20歳の女子大学生（3年生）がいるとして，彼女が日常生活の中で誰かから呼ばれる呼称にどんなものがあり得るか考えてみよう。父母と2歳上の姉，5歳下の弟がおり，大学ではサークルに入っており，アルバイトで家庭教師もしていると仮定しよう（あだ名などは適当に考えるとして）。

　家族からは名前の「ともみ」や家族内のあだ名，例えば「とも」などと呼ばれるだろう。親や年長の家族からは，「あなた・あんた」や時に「おまえ」のような代名詞的な呼称もあり得る。年の離れた弟から「おねえちゃん」と呼ばれている可能性もある（その場合，親もその呼称を使っている可能性が高い）。友だちからは，名前やそれを変形した「ともちん・ともみん・とも」といったあだ名，あるいは苗字やそれを変形した「大屋・大屋っち・おおちゃん」などと呼ばれるだろう。

　サークルの後輩はどうだろう？「ともみ先輩」は親しげな響きだが，「とも先輩」ならなお親しそうに聞こえる。反対に，ただの「先輩」や「大屋先輩」だと，それほど親しくないか少しかしこまった印象となる。「先輩」を使わないニュートラルな「ともみさん」もあり得る。大学で先生からは，苗字をベースにした「大屋さん・大屋君」や，代名詞的な「あなた・きみ」などもあり得る。家庭教師に行けば大学生も先生に変

身するから，そこでは「先生・ともみ先生・大屋先生」など肩書「先生」の付いた形で呼ばれるだろう。番外編として，知らない人に道を聞かれたとしよう。何と呼ばれるかといえば，「あのう，すみません」である。正確には，これは呼称ではなく，声かけと詫びの言葉だから，この場合は，ちょうどの呼称はないというべきである。

　以上を整理したいのだが，今度は語類に着目して分けてみる。

(1)　「大屋友美」が呼ばれ得る呼称の例
a　ともみ　ともちゃん　ともちん　ともみん　とも
b　あなた　あんた　おまえ
c　おねえちゃん
d　大屋　大屋っち　おおちゃん
e　ともみさん　ともみ先輩　とも先輩　ともみ先生
f　大屋さん　大屋君　大屋先輩　大屋先生
g　先輩　先生
h　（あのう，すみません）

どうだろう，人間関係がかなり透けて見えるのではないだろうか？　まず，肩書の有無で大きく分かれる。(e)～(g)は肩書付き（肩書のみ）の例だが，「先輩」や「先生」はもとより，「さん」や「君」であっても，何かしら社会的な関係の中での呼称であることが示される。面白いのは(e)で，「先輩」や「先生」などの肩書で社会的役割性が明確に意識される一方で，親しさの感覚を出したいために「ともみ」という下の名前との組み合わせになっている。

　これらに対し，(a)～(d)は肩書がない。(a)の名前類は明らかに，家族や友だちのような親しい関係と結びつく。(b)は代名詞類といったと

ころで，上下の関係があり呼ぶ側が上であるという共通性があるが，近しい関係とは限らない。(c)は家族内の親族呼称で，関係としては近しいが，上下の役割性が意識されている。(d)の苗字類は，苗字であるという点で社会的な意識が感じられるが，肩書とは違って，役割ではなく人を呼んでいるかぎりにおいて，肩書より距離感は近い。番外の(h)からは，自分と"関わり合いのある"範囲を超えたとき，日本語にはそのための呼称がないことがわかる。

　語類に着目して，呼称の距離感を遠近の尺度上に表すことができる。それがもたらす距離感という意味で，遠近それぞれを遠隔的，近接的と呼ぶことにしよう。

　　　　近接的 ◀━━━━━━━━━━━━━━▶ 遠隔的

　　名前 ＜ 代名詞 ＜ 親族呼称 ＜ 苗字 ＜ 肩書 ＜ （呼ばない）
　図5-1　呼称の距離感

　呼称の距離感などといわれても当然のような感じがするかもしれないが，自分がいかにこれを繊細に意識しているかは，自分が"いつもと違う"呼称で呼ばれたときの違和感や当惑を思い出してみればわかる。例えば，いつもは「とも」と呼ぶ母親から「ともみさん」と呼ばれたとき，あるいは，いつもは「ともちん」と呼ばれる友だちから「大屋さん」と言われたとき，人はそれが何かの異常事態の合図だと直ちに了解する。

2. 言葉で触れることと対人配慮 ──「ポライトネス」の考え方

　呼称と対人距離の話は，あいさつの距離感にも似た，対人関係のベースになる距離感の問題だった。この場合，対人距離はそのとき結ばれている社会的関係の種類に応じて比較的安定的で，頻繁に変動するもので

はない[1]。それに対して，具体的なコミュニケーションの中では，そのときの話の内容や互いの気分などによって言葉の距離感は微妙に変動する。今度はそうした距離感を探ってみよう。

とても単純な例であるにもかかわらず，ちょっとした要因によって大きく距離感が変化する好例は，人にちょっとした頼みごとをする場合である。例えば，人から《ペンを借りる》ときに何と言うかを考えてみると，「借りるよ」と一言だけ言って借りる場合から，「あのう，大変申し訳ないのですが，ペンを忘れてきてしまって…。1本お借りすることなど，できますでしょうか？」のような平身低頭の頼み方まで，実に多くのバリエーションがある。ではまず，それを実際に挙げてみよう。

(2) ペンの借り方
 a 「借りるよ。」
 b 「ペン貸してね。」
 c 「借りてもいい？」
 d 「ペン貸してください。」
 e 「ペンお借りできますか？」
 f 「すみません，ペンをお借りしたいのですが。」
 g 「ペンを忘れちゃったんですが，貸していただけないでしょうか？」
 h 「あのう，大変申し訳ないのですが，ペンを忘れてきてしまって…。1本お借りすることなど，できますでしょうか？」
 i （独語的に）「あ，しまった！　ペン忘れてきちゃった…。」

最も近い人間関係で普通の状況でペンを借りるとしたら(a)か(b)ぐらいになるだろう。最も直截に，遠慮なく言うのが(a)で，これは「借

---

[1]「社会的関係の種類に応じて」というところに注意されたい。親／子，先輩／後輩，上司／部下，先生／生徒，等々が社会的関係だが，同じ2人の人物が複数の社会的関係を取り持つ場合がある。そうした場合，社会関係が変わると呼称も変わる。呼称は人物ではなく関係と対応する。

りる」という一方的宣言である。配慮なくそのままを言うという意味で「直言」と呼ぶことにする。似たようなものでも(b)は微妙に違いがあって，「ペン」という対象が明示され，「貸して」というのは一応依頼形で，さらに終助詞「ね」が付いたら相手の了解を先取りするようなニュアンスになる。そう考えると，(a)は事実上無配慮といってよいが，(b)は"借りても大丈夫だよね"という確認のような配慮を帯びた言い方として区別できる。挙げなかったが実は"究極の無配慮"というのがあって，それは断りなく無言で相手のペンを使うというものである。中国や韓国の人に聞くと，家族や親友など本当に近い関係の人であれば，むしろいちいち断ったりする方が水臭いという反応が返ってくる。日本でもなくはないが，友だち同士でも無言のケースは多くない。日本人のコミュニケーションにおける対人距離の大きさを示唆する例である。

　(d)や(e)になると，「ください」や「お借り」といった敬語が現れてくる。敬語は相手に対する遠慮の気持ちを表す一つの典型的手段である。また，「ください」のようなお願いの形，「できますか？」という質問の形を用いることによって，借りることへの相手の許可を得たいというニュアンスが感じられる。もっとも，依頼形や質問形を用いて敬語にすれば十分かといえば決してそうではなく，例えば知らない人からいきなり「ペン貸してください」とだけ言われたら唐突で，失礼と感じてしまう可能性が高い。相手に対する遠慮のニュアンスが十分と感じられるのは，(f)～(h)のように，詫び「すみません」やためらい「あのう」のような要素や，「ペンを忘れちゃったんですが」のような理由の前置きなどを置いた後で，おずおずと「貸していただけないでしょうか」などと控えめに言い出すような場合である。

　最後の(i)はいわば番外編だが，現実には（半ば無意識のケースも含め）意外によく用いられている。"ペンを忘れてきた"という事情が独

り言的に述べられるだけである。しかしそれは実際に音声の言葉として発せられている以上，隣の人にはしっかりと聞こえることになり，聞こえた以上施しをしないのも狭量だと，隣人が"自発的に"ペンを貸してくれるかもしれない。第1章で触れた「無意図コミュニケーション」を装ったコミュニケーションという手の込んだ手法といえる（本当に無意識的だったら無意図的コミュニケーション［第1章3］の例となる）。

対人配慮の種類
　(a)〜(i)をこのように見てくると，そこに込められた対人配慮が1種類ではなくいくつか質の違ったものがあることがわかる。(a)は無配慮ということだが，(b)(c)あたりは"貸してくれるよね？"という対人関係への先取り的言及となっており，それを例えば「共感的配慮」と呼ぶことができる。「共感的」であることをもっと積極的に表現して，例えば「それ書きやすそうだね」のような前置きとして言うといったこともできる。「書きやすそうだね，ちょっと貸して？」といった具合である。(d)は，状況次第でなれなれしくも丁寧にもなり得るので境界的としておく。(e)〜(h)にかけては，相手の許可を得ようとしたり，詫びたり躊躇ったり理由を説明したりと，何かの配慮が念入りに仕込まれてくる。それは，"本来このようなお願いをするべきでないと承知している"あるいは"あなたの邪魔をしてしまって申し訳ないと感じている"といった，相手と関わり合いを持つこと自体に対する遠慮のニュアンスである。これを例えば「敬避的配慮」と呼ぶことができる。そして，最後の(i)は「借りたい」という内容を口にしていない点で上のすべてと異なっている。この(i)ほど特殊な設定でなくとも，例えば(h)の前半だけ言って口ごもるようにするとしたら，まだ用件は言っていないことになるのでその点で同じである。これらは用件への直接的言及を避けているという

意味で「言及回避」の「ほのめかし」と呼ぶことができる。

次章でもう少し詳しく見るが，この「無配慮」から「言及回避」に至る対人配慮の段階的な捉え方は，言語的な対人配慮を「ポライトネス（politeness）」と名づけ，ポライトネスのコミュニケーションがどのような要因によって左右されどのような具体的手段によってやりとりされるかについての理論を立てた，ブラウン＆レヴィンソン（Brown & Levinson, 1987）の考え方に沿っている。彼らは，コミュニケーションにおいて尊重しようと話し手が考える相手の自尊心のようなものを「フェイス」と呼び（次章であらためて説明するが，「体面」や「面子」のイメージとも通ずる），相手のフェイスに対して共感的に触れ合おうとする(approach-based)配慮と，敬避的に尊重しようとする(avoidance-based) 配慮を中心とする対人配慮の全体像を描き出した。

図5-2に示すが，「無配慮」から「言及回避」にかけての段階に，3つの尺度を重ね合わせて示すことができる。すなわち，相手に対する遠慮の度合い，（それと反比例の関係となるが）相手の領域に踏み込む度合い，そして，情報伝達の効率性である（滝浦，2008 で示した捉え方である）。「ポジティブ・ポライトネス」「ネガティブ・ポライトネス」という用語はここで用いている「共感的配慮」「敬避的配慮」とそれぞれ同じことだが，本章では説明しない。

図で，左に寄るほど事柄を直截に表現し，相手と触れ合うことを厭わ

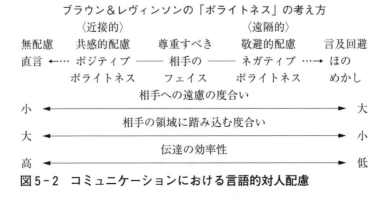

図5-2 コミュニケーションにおける言語的対人配慮

ない。反対に，右に寄るほど事柄を婉曲的に表現し，相手との接触を控えようとする。左ほど近接的，右ほど遠隔的ということができる。そして，3つの尺度に関して，右に寄るほど遠慮が大きくなり，逆に，左に寄るほど踏み込みが大きくなり，情報伝達の効率性は，左端を最高として，右に寄るほど小さくなる。つまり，右に行くほど，伝達効率を犠牲にして相手への遠慮を伝えていることになる。実際，前置きが長くなったり敬語が多くなったりすると，その人が何を言いたいのかが不明瞭になることを，私たちは経験上よく知っている。

　図にすでに含まれているが，無配慮ということを最大の効率性と重ね合わせて，そこからのいわば逸脱の度合いとして対人配慮の段階を考えた点は，ブラウン＆レヴィンソンの着眼として特筆すべきことである。この点については，コミュニケーションの理論や言語学で語用論と呼ばれる方法論の原点のような位置にある「協調の原理」が関わってくる。節を改めて見てゆくことにしよう。

3.「協調の原理」と「会話の含み」

　私たちは日ごろ，あまり疑ったり用心したりすることなく人との会話を行なっている。当たり前に思えるだろうが，では疑ったり用心することがないかといわれたら，そうではない。例えば，街中で胡散臭いキャッチセールスにつかまりそうになったなら，相手の言っていることは真実ではなく，むしろ私をだまそうとしているだろうとの想定さえして受け答えをするだろう。あるいは，仲の良い夫婦や恋人であっても，何かで諍いをしているようなときならば，受け取られ方を予測しながら用心深く言葉を選ぶだろう。

　だとすると私たちは，現実には違反したりあえて無視したりすることが十分あると知りながら，コミュニケーションに関するある基本的な想

定を受け入れてコミュニケーションをしているのではないか？と考えた人がいた。イギリス出身でアメリカで活躍した言語哲学者グライスである。グライスは，言語にとって「意味」とは何かという問題を考え抜いた人だが，なかでも，実際に相手に伝わる意味が，必ずしも発せられた言葉にそのまま含まれてはいないことをめぐる議論が重要である。

　なぜ私たちは，違反されたり無視されたりすることがあると知っている想定に従うのだろうか？　それは，そうした想定をしないならば，人はそもそも会話に参加することができなくなってしまうからである。上でも見たように，相手がこちらを欺こうとしていることが明らかなら，会話などするだけ無駄である。あるいは，いつもは親密なはずの相手との関係がぎくしゃくしてくると，言葉は宙に浮くばかりとなる。それでは会話にならないから，とりたてて何も事情がない通常の場合には，相手は会話に対して「協調的」であるだろうと想定し，自分もまた会話に「協調的」であろうとする。グライスはそのように考え，それを「協調の原理」としてコミュニケーションの最上位に置いた。

　　「協調の原理（cooperative principle）」
　　会話に対する貢献を，自分が参加している会話のやりとりの一致した目的や方向性に照らして，その時々の局面において求められているようなものにすること。(Grice, 1989 : 26［グライス，1998 : 37］)

　会話の目的やその時々の方向性に協調的であるというのは至極当たり前のように思われるが，自他ともにこう想定することではじめて人は安心して会話に参加することができる。続けてグライスは，この原理のもとで「協調的であるとはどのようにすることか？」を具体化した「実践原則（maxims；格率，格律などとも訳される）」を立てる。18世紀ド

イツの哲学者カントが認識判断に関して「量・質・関係・様態」の4つのカテゴリーを立てたのにならい，グライスは会話にもこの4つを置いた（量と質の順序を逆にして示す）。

　「会話の実践原則（maxims）」
　質（Quality）：発言は真なるものとなるようにし，虚偽であると思うことや根拠のないことは言わない。
　量（Quantity）：発言には必要なだけの情報量をもたせるようにし，必要以上の情報量はもたせない。
　関係（Relation）：関連性があるようにする。
　様態（Manner）：明瞭に話す，すなわち，曖昧さや多義を避け，簡潔に順序立てて話す。

　いかにも"上手な話し方"についてのハウツー本に書かれていそうな原則に見える。だが，グライスはこうせよというためにこの原則を立てたのではないことを忘れないでほしい。「実践原則」と訳した'maxim'は日本語に訳しにくいが，その理由はこれが"規範的に正しい"とか"普遍の真理"といったことを意味するものでないところにある。それなりの理はあるが，あくまで主観的に従うだけの指針のようなものなのである。だから実際，私たちの日常会話には，実践原則からの故意の逸脱がとても多く含まれている。
　例えば，人は，字義的には正反対であることを承知の上で「皮肉」を言い，直接は関係のない話に置き換えた「比喩」を用いて話をし，肝心の情報を伏せたままで相手の察しを待つ「ほのめかし」をする。会話の中で話し手はわざと実践原則に違反し，それによって生じた溝を埋めようと，聞き手は言外の意味を"含み"として解釈する。つまり聞き手は，

話し手は全体として協調的であるはずだという想定によって，この原則違反が見かけ上のものであって，話し手が会話の含みとして伝達しようとした意図を推論することができる，とグライスは考えた。こうした推論によって聞き手が手にすることになる意味のことをグライスは「会話の含み（conversational implicature；会話的推意とも訳される）」と名づけた。

含みの伝達と推論
　会話の含みの例を挙げておこう。

　(3)　会話の含みの例
　　a　「パンとチーズ買ってきてくれた？」「パン買ったよ。」
　　　　（含み：　言及されていないチーズは買い忘れた）
　　b　（お菓子をねだる子どもに）「今度歯医者さん行かなきゃね。」
　　　　（含み：　お菓子を食べると虫歯になって歯医者に行く羽目になる）

　こうした言葉を発する人は，自分がこのとき実践原則に従っていないことを認識している。(a)では後ろめたさから，(b)では間接的な"脅し"をかけるために，実践原則をあえて無視して（flout）いる。そのことで生じた解釈のギャップを聞き手は推論し，各々上のような含みにたどり着く。私たちの会話において，こうしたことは決して珍しい出来事ではない。むしろ，こうした故意の逸脱をあちこちに含みながら進行してゆくのが"自然な"会話だというべきだろう。
　「協調」の原理という名前がミスリーディングでもあるのだが，この原理と実践原則が会話の"理想形"や"規範"といったものではまったくないことは，逆にこれらを完全に実行したらどうなるかを考えてみる

とよい。「協調的」とは，そのとき文脈上期待される情報をそのまま提供するということだから，その仮定のもとでは，人は決して嘘をつくことがなく（質），つねに必要十分だけの情報を提示し（量），話に関係のない余計なことは言わず（関係），簡潔明瞭を旨とする話し方をする（様態）。そのような人物は人から好かれるだろうか？　例えば，誘いを断るときには「行かない」としか答えず，理由を聞かれたら躊躇なく「君のこと嫌いだから」と答えるような人物である。この人物はまた，喩え話をすることもなく，何年付き合っても冗談一つ言うことはない。

　この人物は協調の原理と会話の実践原則を完全に守っている。にもかかわらず，そのコミュニケーションは"自然"というところから遠く感じられるだろう。つまり，これらの原理と原則は，会話の"自然さ"に関するものではないのである。それは何かといえば，情報の"正確さ"，言い換えれば情報伝達の「効率性」である。したがって，「協調の原理」とは「効率性の原理」と呼んでも差し支えない原理なのだった。日常のコミュニケーションにも効率性が優先されるケースはままある。最も典型的なのはいわゆる緊急事態で，「火事だ！逃げろ！」という言葉は，このような"むき出しの命令形"で言われるくらいが切迫感を伝えるのにちょうどよい。一般人の日常ではないが，軍隊や警察など，指揮系統が最重要視される場所でも，連絡や伝達は一切の無駄を省いた言葉で行われる。

　私たちの普通のコミュニケーションはこうではない。つまりそこでは，効率性の原理からの逸脱がしばしば起こる。では，そうした逸脱の直接の原因となる動機は何だろうか？　ブラウン＆レヴィンソンは，その大きな2つが，比喩や皮肉といったレトリック表現の表現効果と，対人的な配慮すなわちポライトネスの伝達であると考えた（レトリック表現については第11章で詳しく見る）。先の図5-2をもう一度見てほしい。無

配慮と最大の効率性を重ね，そこからの逸脱の度合いとして対人配慮の段階を考えたところがブラウン＆レヴィンソンのユニークさだと述べたことの意味が，ここで明確になるだろう。図の左端，無配慮というのは包み隠さないのだから「協調の原理」そのままの話し方と見ることができ，そのとき効率性は最大となる。図を右に行くに従って，何かしら余分な要素が加わってゆくことになる。「共感的配慮」は，言わなくてもわかっていることをことさらに言って共有を確認するという意味合いを持つ。「敬避的配慮」は詫びとか前置きとか，本題からすれば余分な要素を多く含むことになる。「言及回避」もすでに述べたとおりである。

　ブラウン＆レヴィンソンは，ポライトネスは会話の含みとして伝達されると考えた。例えば，「書きやすそうだね」とペンにコメントされた人は，さして必要があるとも思えないそのコメントがなされた理由を推論して，（そのペンがいいと思って買った持ち主と同様に）自分もそのペンをいいと思うと価値観の共有を表明することで，ある種の連帯感を引き起こそうとしているのではないかという含みの解釈に至る。たかがペン１本借りるのに詫びたり理由を言ったり敬語を盛り込んだりするのを聞く人は，大きな遠慮を表明しなければならないほどの後ろめたさや恥ずかしさがあるのではないか（例えば，試験なのにペンを忘れた！）という含みの解釈を得る。

　人はこうした種々の対人配慮を諸所にこめながら言葉のやりとりをする。共感的配慮によって心理的な対人距離を縮め親しさの気持ちを伝えようとしたり，一方，敬避的配慮によって対人距離を広げ遠慮の気持ちを伝えようとする。これらの配慮は漠然とした気分を反映するというよりも，親疎や上下といった相手との人間関係や，伝えようとしている事柄（用件）の重さなどによって微細に調整されている。人は具体的にどのようにポライトネスのコミュニケーションをしているのか，具体的な

言語的行為を取り上げながら次章以降で考えてゆくことにしよう。

引用文献

Brown, P. & Levinson, S.（1987）*Politeness : Some Universals in Language Usage.* Cambridge University Press.（ペネロピ・ブラウン，スティーヴン・C・レヴィンソン〈田中典子 監訳〉（2011）『ポライトネス 言語使用における，ある普遍現象』研究社）

Grice, P.（1989）*Studies in the Way of Words.* Harvard University Press.（P・グライス〈清塚邦彦 訳〉（1998）『論理と会話』勁草書房）

滝浦真人（2008）『ポライトネス入門』研究社.

6 | 依頼・勧誘と応諾・断り
―言語行為とポライトネス①―

滝浦真人

《学習のポイント》
・ブラウン&レヴィンソンのポライトネス理論の眼目を理解する
・「フェイス」の侵害と保持という観点から言語行為について考える
・言語行為としての《依頼》と《勧誘》の特徴について考える
・《断る》という言語行為にも気づきにくい文化差が存在すること

1. ポライトネスの理論

　前章で，ブラウン&レヴィンソンの「ポライトネス」の考え方を紹介しながら，言語的対人配慮にはいくつか種類があること，それらは，最大の効率性からの逸脱と対応させて捉えられることを見た。本章では，彼らの枠組みをもう少し検討し，そのような理論を立てることでコミュニケーションのどんな側面を捉えることができるのかを考えてゆく。

　コミュニケーションにおいて話し手と聞き手の双方が互いに尊重し合う自尊心のようなものをブラウン&レヴィンソン（以下B&Lと略記する）は「フェイス」と呼んだ。実際には彼らは「自尊心」という言葉ではなく独自の定義を与えている。フェイスは社会的存在である私たちが必ず持っている基本的欲求のこととされ，かつ，その欲求は二面的であるとされる。それは「〜たくない」という欲求と「〜たい」という欲求で，B&Lはそれらを各々「ネガティブ」「ポジティブ」と表した。

フェイスの 2 種類
ネガティブ・フェイス (negative face)：
　邪魔されたくない，踏み込まれたくないという欲求
ポジティブ・フェイス (positive face)：
　受け入れられたい，よく思われたいという欲求

　第 3 章で「パーソナル・スペース」について述べたが，「ネガティブ・フェイス」はそれを心理的・社会的に拡張して考えたものと捉えることもできる。何かをするときあれこれ指図されるのは煩わしい。それは指図によって自己決定権が侵害されるからである。しかし一方，ならばネガティブ・フェイスを最大限に満たせばよいかというと，それはそれで困ったことになる。なぜなら，他者が物心両面でその人の領域に立ち入れなくなってしまうからで，そうなるとその人は社会的に孤立してしまう。このことはすなわち，人が反対向きの欲求も同時に持っていることを示している。人は人と交わり，受け入れられることで，社会的存在としての自己を肯定的に引き受けることができる。それが「ポジティブ・フェイス」である。この欲求もまた，最大限に満たしてしまうと困ったことになる。自分の存在がすべて他者のためのようなことになって，確固とした"自己"の余地がなくなってしまうからである。

　ポライトネスのコミュニケーションが必要な最大の理由は，誰もが持つ 2 種類のフェイスがこのように競合的だからである。つまり，人はみな 2 種類のフェイスを，ある程度断念しつつ，ある程度満たしながらやりとりしている。自分だけいい思いをすると，相手からよく思われないので結局得にならない。それで人は，相手と交わることで侵害せざるを得ないフェイスを補償したり，断念せざるを得ないフェイスの相手からの補償を期待しながら，ポライトネスを伝え合うのである。

B＆Lは，フェイスに2種類を立てたのと対応させる形で，ポライトネスにも2種類を分けた。それが前章で述べた敬避的な配慮と共感的な配慮だが，前者がネガティブ・フェイスに対するポライトネス，後者がポジティブ・フェイスに対するポライトネスということになる。

　　ポライトネスの2種類
　　ネガティブ・ポライトネス（negative politeness）：
　　　ネガティブ・フェイスを補償するポライトネス（敬避的配慮）
　　ポジティブ・ポライトネス（positive politeness）：
　　　ポジティブ・フェイスを補償するポライトネス（共感的配慮）

　以後，「ポライトネス」という用語を使うことにする。前章でも述べたように，ポライトネスにはこうした種類があり，それは無配慮からの隔たりが異なるものとして捉えられた。では話し手は何を手がかりに，程度の異なるポライトネスを選択するのだろうか？　B＆Lはその直接的な要因を，フェイスを侵害する危険性の度合いであると考えた。したがって，前章の図5-2には，フェイス侵害の危険性の大小というもう一つの尺度を当てることができる（下図）。B＆Lは実は4段階ではな

　　　　フェイス侵害の危険性小
　　　↑（意図伝達を明示的に行う）
　　　　　フェイス侵害の軽減をしない
　　　　　　(1) 直言（bald on record）
　　　　　フェイス侵害の軽減を明示的に行う
　　　　　　(2) ポジティブ・ポライトネス（positive politeness）
　　　　　　(3) ネガティブ・ポライトネス（negative politeness）
　　　　（意図伝達を非明示的に行う）
　　　　　　(4) ほのめかし（off record）
　　　　（意図伝達を行わない）
　　　↓　　 (5) 行為回避（don't do the act）
　　　　フェイス侵害の危険性大
　　　**図6-1　フェイス侵害の危険性の大きさとストラテジー
　　　　の選択**

く5段階を考えており，危険性が最大のときはその行為自体をあきらめるというのを含めている。話し手が選択する方策というような意味で「ストラテジー」と呼ぶ。

フェイス侵害の危険性が小さい場合，フェイスに対する補償つまりポライトネスを伝える必要も小さくなるから，意図伝達の効率性を上げて(1)「直言」をすればよい。危険性が上がるにつれて，相手に触れて共感に訴えながらフェイス補償をする(2)「ポジティブ・ポライトネス」，相手に触れないように敬避的に構えながらフェイス補償をする(3)「ネガティブ・ポライトネス」へと，遠慮の度合いが増してゆく。さらに危険性が増すと意図伝達自体が表に出ないように(4)「ほのめかし」が選択され，いよいよ危険性が大きいと判断したら行為自体を断念して(5)「行為回避」となる，というのがB＆Lのシミュレーションである。ほのめかしはポライトネス以外の動機付け（例えば責任逃れ）も大きいため違和感が残るものの，話し手が何かを参照基準としながらポライトネスの種類や程度を選択しているはずだという考え方は妥当に思える。

そうすると次は，フェイス侵害の危険性の大小がどんな要因によって決まるのかという問題である。これには大きく2つのことが関係している。一つは，何をするにしろ必ず関わってくる3つの要因による見積もりで，もう一つは，しようとする行為の種類によって変わるフェイスの侵害と保持のあり方に関することである。節を改めて見てゆく。

2．言語行為とフェイス

前章で取り上げた《ペンを借りる》行為を再び引こう。これは実は本章のテーマ《依頼》の一つの例でもあるのだが，事柄としては小さいと思われるのに，借りる人が言いそうな言葉にはとても大きなバリエーションがあった。考えてみよう。「借りてもいい？」と「すみません，

ペンをお借りしたいのですが」を分ける違いは何だろうか？

　ほとんどの人が思い描くであろうことは，この頼みをする相手との人間関係と場面だろう。「借りてもいい？」は，おそらくはそれなりに親しい友だち以上の間柄を思わせ，場面はあまり選ばない。「すみません，ペン…」はどうだろう？　この言い方をそのまま使うことのできる場面は意外に思いつかないかもしれない。おそらく最も典型的なのは，どこかの窓口で記入するべき書類があるときにペンがない，といった状況に窓口の人に言うケースだろう。お願いには違いないが，事務的に必要なことをしているだけなので，実はお願いらしさの度合いはそう高くないともいえる。では本当にお願いしなければならない場合とは？と考えると，それは試験会場のような場面で，見知らぬ相手に頼むといったケースである。この場合，ペンを借りること自体が一種の"非常識"ともいえるため，同じ事柄のはずでも事柄としての重みが大きく変わってしまう。その上に相手との人間関係が遠いことも重なってくる。

　Ｂ＆Ｌは，人が言葉でする行為のこうした側面に着目し，関与する要因として３つのものを取り出した。２つが人間関係要因，１つが事柄要因と呼ぶことができる。人間関係要因を２つに分けているのは，関係の深さに当たる「親疎」の要因と，権力関係に関わる「上下」などの要因を別立てにしたからである。例えば，友だちなら「借りてもいい？」ですむところが，年が１つ上の先輩になった途端，「すいません，先輩，ちょっとペンを忘れてしまって…」といった全然違う頼み方に変わってしまう。Ｂ＆Ｌは，これら３要因を「社会的距離」「力」「負荷度」と名づけ，それらの和がフェイス侵害の危険性の大きさ（「フェイス侵害度」と呼ぶ）になるという見積りの式のようなものを提案した。

フェイス侵害度の見積もり方

$Wx = D + P + Rx$
　Wx（weightness）：　ある行為 x のフェイス侵害度
　D（distance）：　話し手と聞き手の間の社会的距離
　P（power）：　聞き手が話し手に対して持つ力
　Rx（rating of imposition）：　ある文化内での行為 x の負荷度

　ある行為 x のフェイス侵害度（Wx）は，人間関係におけるヨコの距離とタテの力関係，そして，x という行為がその文化内でどの程度の負荷とみなされているかの負荷度を合わせたものだと読める。実際に計算することはできないにせよ，フェイスを侵害する危険性が人間関係要因と事柄要因によって変動するという捉え方は了解できる。《ペンを借りる》で確認しておくなら，最もフェイス侵害度が小さく見積もられるのは，きょうだいや親友など近しい関係で，書くものを持っていることが期待されない場面だろう。3 要因すべてが小さい。これに対し，見知らぬ，自分より年長の人から，当然持っていることが想定されるような場面でペンを借りたいと思ったら，3 つの要因はすべて大きいことになる。念入りに遠慮が込められた長々しい依頼の言葉の所以である。

言語行為
　ポライトネスの選択に影響する要因としてもう一つ考えられるのは，話し手がしようとする行為の種類によって，侵害されたり満たされたりするフェイスの種類が変わることである。言葉を言うことがすなわち何かの行為として機能することがあり，それを「言語行為（speech act）」という。例えば，「約束するね」と言ったとしたら，その言葉を言うこ

とであなたは《約束》という行為をしたことになる。「ごめんなさい」と言うことは，《謝罪》という言語行為をすることである。ここで詳しく述べる余裕はないが，オースティンとサールという言語哲学者によって展開された（Austin, 1962；Searle, 1969）。

　言語行為の中には，話し手が聞き手に対して何かをしたり，聞き手から何かを引き出したりするものがある。また，自分や相手に関わる何かの評価と関わるものがある。そのように人を巻き込むことから，言語行為は相手や自分のフェイスを侵害することになりやすい（相手だけではなく自分のフェイスも問題となる）。それでB＆Lは「フェイス侵害行為（face threatening act [FTA]）」と呼んだ。例えば，相手に何か《命令》することは，将来における相手の行動の自由を一部制限することになる（命令された人は自分の意思にかかわらずそれを実行しなければならない）ので，典型的な相手のネガティブ・フェイスへの侵害となる。では《約束》はどうだろう？　約束するのは話し手だからそれを実行するのも話し手である。ということは話し手は，約束という言語行為によって，将来の自分の行動の自由を自ら制限することになる。それは話し手自身のネガティブ・フェイスの侵害を意味する。

　ポジティブ・フェイスの侵害にはどんなケースがあるだろう？　例えば誰かに何かを詫びたとする。そのとき話し手は自分が相手の迷惑になるような何かをした（している・することになる）ことを表明する。それは自分がよくないことを認めることだから，自らのポジティブ・フェイスを侵害する行為である。そう考えれば相手のポジティブ・フェイス

表6-1　侵害されるフェイスの種類と言語行為の例

	ネガティブ・フェイス	ポジティブ・フェイス
相手側	《命令》	《批判》
自分側	《約束》	《謝罪》

への侵害はすぐ思いつくだろう。典型的には《批判》つまり相手がよくないということを直接述べる行為である。これらを表6-1に示そう。

　単純な表だが，私たちがコミュニケーションにおいて抱く印象をよく表している。《命令》は，相手のネガティブ・フェイスをあからさまに侵害するのに相手には選択権がないから，むき出しの力と感じられる。《約束》とは，自分の行動の自由を一部相手に譲渡することである，等々。そしてもう一つ，私たちはこれらのフェイス侵害について，ただそれだけをすることにならないように，自分が補償をしたり相手からの補償を期待するという経験的事実ともよく合致する。

　例えば，《批判》する人は，批判された側のポジティブ・フェイスが傷付くことを知っている。それでしばしば，目的はよかった，いい点もあったなど，相手のポジティブ・フェイスを保持することでダメージを減らそうとする。あるいは，「友だちだからあえて言うね」などと人間関係の近さに訴えるポジティブ・ポライトネスを同時に示したりする。《命令》は明示的な力の行使だが，それでも「これは命令だから仕方がない」などと，話し手が望んでいるわけではないことを述べる場合もあるだろう。《謝罪》する人は，謝罪する潔さが相手に好感を与えれば相手は自分を受け入れてくれるだろう，というポジティブ・フェイスとの"取り引き"を考えたりもする。そのように微妙なバランスがある。

3．《依頼》と《勧誘》

　行為というからには人を動かす力が関わりやすいが，なかでも，言葉で相手を動かす言語行為は，必ず相手の自己決定権を一部制約することになる。《命令》《要求》《依頼》《勧誘》といったそうした行為のうち，相手側に断る自由がある場合ほど，ポライトネスのコミュニケーションが不可欠となる。その意味で《依頼》と《勧誘》は，する側とされる側

の双方がポライトネスに心を砕く典型的な言語行為といえる。話し手側に権力や正当性のある《命令》や《要求》でさえ，実質的な命令や要求が，表現としては「してください」や「お願いします」といった依頼形によって行われることも多く，（上で触れたことも含め）面白いポライトネスの現象として見ることができる。

　日常のコミュニケーションを思い描きながら考えてみてほしい。人から何かを頼まれたり誘われたりしたとき，受けようか断ろうかと悩ましく思うことは多いだろう。さらには，受ける場合はいいとして，断ることにした場合には，どう断るかに頭を悩ませるのは皆同じである。頼んだり誘ったりする側もこのことをよく知っている。相手が断らざるを得ない頼み事をする人は"常識に欠ける"と言われやすい。誘いではさらに，相手が断れないような仕方で誘う人も"強引でマナーに欠ける"と言われかねない。どうしてそうなるのか，日常の言葉で説明することも可能だが，ポライトネスの現象としてフェイスや負荷度といった概念を使うと明快に説明できる。以下，ケーススタディとして考えていこう。

　一つ略号を使いたい。初めに頼んだり誘ったりする側を「S」と表すこととし（Speakerより），初めに頼まれたり誘われたりする側を「H」と表すことにする（Hearerより）。話の中で立場が入れ替わってゆくと混乱してしまうので，こう固定することにする。まず基本的な確認として，依頼も勧誘も，Sの期待する事柄がS自身によってではなくHによってなされるという点で共通している（S自身がするなら《約束》や《申し出》となる）。フェイスという観点で見ると，どちらもHのネガティブ・フェイスに対する侵害である。

　これは，奇妙とも見える。なぜなら，単なるフェイスの侵害なら誰も応じたいと思わないはずだからで，逆にいえば，Hが応じたいと思う誘因があると見なくてはならない。それは，何かを頼まれたりとりわけ誘

われたりすること自体，SがHという人物を信頼したり仲間とみなしていることの反映だということである。見知らぬ人に何か頼む場合は緊急性が優っているともいえるが，その場合とて，頼られたという意味合いは残る。つまり，依頼や特に勧誘は，それ自体がHのポジティブ・フェイスを満たす側面を持っている。以上は次のようにまとめられる。ここでも略号をお許しいただきたい（ネガティブ・フェイスをNF，ポジティブ・フェイスをPFとし，侵害を－，保持を＋で示す）。

　　《依頼・勧誘》→　HのNF（－）　HのPF（＋）

　これならバランスが取れる，と言いたくなるが，実はそれはSから見たときであり，Hの立場からするとことはもう少し厄介である。Hがつねに応諾できるならHの立場はSの見立てどおりとなるが，実際は応諾できない場合も多々ある。つまり，この依頼や勧誘という言語行為は，する側であるSよりもされる側であるHにとっての負担が大きいという特徴がある。フェイスを"勘定"してみるとはっきりする。Hが応諾する場合，HはSの求めを受け入れられるのでSのポジティブ・フェイスを満たし，同時に，人の求めに応じられる人間としてH自身のポジティブ・フェイスも保持することができる。ところが一方，Hが断らなければならない場合，HはSの求めを拒否することでSのポジティブ・フェイスを侵害し，かつ，人の求めに応じられない人間としてH自身のポジティブ・フェイスを失うことになる。まとめると次のようになる。

　　《応諾》→　SのPF（＋）　HのPF（＋）
　　《断り》→　SのPF（－）　HのPF（－）

　これを見てわかることは，応諾と断りで，フェイスの"得失"が大き

く変わってしまうことである。イエスとノーでフェイス1つ分が変わるぐらいかと思うと、ここではいわば+2と-2という大きな開きが生じてしまう。これが、相手が断らなければならないような頼み事や誘いをしてはならない理由の正体である。

　さて、ここまでの話では、依頼と勧誘を同じように扱ってきた。しかし両者は違う行為である。依頼と勧誘を分ける点は1つだけある。それは、なされる事柄が依頼ではSだけの利益になるのに対して、勧誘ではそれがHの利益でもある（とSが判断している）という違いである。この違いをフェイスとの関連でいうと、前節で見たDPRの3要因のうちのRつまり「負荷度」に反映する。依頼ではその内容がHの利益にはならないので、Hにすれば相対的に負荷度が大きいことになる。それに対して、勧誘の場合、その内容がHの利益にもなるものとして差し出されるために、Hとしては依頼よりも受け入れやすいものとみなされてしまう。結果として、Hの断りやすさ／にくさは次のようになる。

　　《依頼》＝Hの負荷度（高）　→　Hの断り（易）
　　《勧誘》＝Hの負荷度（低）　→　Hの断り（難）

　ここから導かれるのは、勧誘の厄介さという帰結である。勧誘は表向きHの利益にもなるとされるからHは断りにくい。しかし現実は、Hなりの好みも都合もあるから、いつでも応じられるわけではない。そこがHの悩ましさであり、それゆえ勧誘では、相手が断れるようなポライトネスが期待されることになる。それほど近しくない相手を、断れないような仕方で誘うことが"マナー違反"とみなされるのはそのためである。

　なおB＆Lは、前節で見たような3要因による考え方で理論を展開したため、こうした言語行為の種類によるフェイスの"得失"のような捉

え方は発展させなかった。しかしやはり，私たちのコミュニケーションにおいては，フェイスの侵害とならんでフェイスの保持という動機も大きいというべきであり，こうした方向での基礎的考察も欠かせない。

断りの文化差

　上で見たように，依頼や勧誘という言語行為においては，応諾するか断るかによってHの負担感が大きく変わることになる。会話というものは全般的に，相手の期待に添う形式を想定した構造となる傾向がある。そのため，例えば勧誘の場合，応じるなら簡単な答えですむ（それを「優先選好形式」という）が，断る場合には，非優先的な返答をしなければならないため，優先形式よりもはるかに多くのことを言わなければならないことが多い。依頼や勧誘を断るとき，ふだん自分がどんなことを言っているか，思い返してみてほしい。

　日本語話者の場合，多くの人は詫びの言葉を思い起こすだろう。タイミングはともかく，「ごめん（なさい）」に類することを言わないで断ることは難しいと感じるのではないだろうか。他にも言いそうな言葉はもちろんあって，応諾したい気持ちを表す（勧誘に対して「ああ楽しそうだね」など），あるいは，応じられない理由を述べる，代案を提示するなどがある。そうしたものすべてを集めると，人がいかに念入りに断りの談話を形作るかが見えてくるのだが，それが普遍的なのか個別文化的なのかということも関心を集めてきた。最近では多くの研究がなされ，文化によってかなりの変異があることもわかってきた。

　断り談話を日本語話者と中国語話者で比較検討した研究を紹介しよう（李，2013）。この研究で李は，まさに依頼と勧誘に対する断り方を，人間関係を様々に変えながら日本語話者と中国語話者を対象に調査した。その結果，両言語の間には顕著な違いがあった。断り談話で最初に

何を言うかに着目したところ，日本語話者が人間関係に関わりなくまず詫びるのに対して，中国語話者では，人間関係に応じて用いられるストラテジーが異なっていた。目上からの依頼場面のみ詫びが用いられる一方，それ以外では共感を示すか理由の説明をしていた。

両者の特徴について李は次のように述べる。

日本語母語話者は，…まず詫びることが多く，謝罪を優先することが一般的で，日本語社会の語用論的ルールであることを改めて確認することができた。つまり，いくら親しい相手であっても，まず詫びることで，丁寧さを欠かさない一面と，聞き手と一定の「心的距離」を置きたがる話し手の気持ちの一面が窺える。

一方，中国語母語話者は…，親しい相手には相手と一層良い人間関係を保ち，聞き手との「心的距離」を縮めようとする話し手の気持ちが反映されているとも言える。(李，2013：71)

談話の全体を見ると，依頼と勧誘での違いも観察された。日本語話者は，勧誘場面の親しい目上の相手に対しては「理由説明」が多かった。それは，勧誘は依頼より負担度が相対的に低いため，よんどころない事情の説明を優先させるのは，聞き手との「心的距離」を縮めようとする気持ちの反映であると推論された。

こうした談話研究では，日中とならんで日韓の対照研究も多い。断りにおける共感的なポジティブ・ポライトネスの現れ方を調査した研究を紹介する（任，2004）。この研究で任は，日本語と韓国語の母語話者を対象として，3つの勧誘場面で人間関係を様々に設定しデータを収集した。ストラテジーの現れ方は，日韓で大きな違いを見せた。まず，返答の全体量はほとんど変わらなかったにもかかわらず，返答中に現れたポ

ジティブ・ポライトネス・ストラテジーの総数は，日本が53例，韓国が194例と，韓国が4倍近い頻度だった。これは，韓国の方が互いの共同性に訴えるストラテジーを多く使うということを強く示唆する。相対的に，日本語ではネガティブ・ポライトネスのストラテジーが多いと考えられ，その典型は上でも出てきた詫びである。

　用いられたストラテジーの内容も，日韓で大きな相違があった。返答に現れたポジティブ・ポライトネスのストラテジーは，「代案提示」「ウチ言葉」「共通話題」「冗談」という4つの類型に分かれたが，日本語の8割近くが代案提示だったのに対し，韓国語ではウチ言葉が4割強あり共通話題も1割ほどあった（日本ではほとんどなし）。日本語訳で示す。

　　ウチ言葉：(呼びかけとして)「お母さん」「おい」
　　　　　　（スラングで）「腹切れ」
　　共通話題：「俺の実力知ってるだろう？　作文の実力めちゃめ
　　　　　　ちゃっていうこと」

　これらは，韓国語の方がより積極的に相手との共同性に訴えようとしていることの表れと見ることができる。韓国語で「先生」のような"ソト"的な人物に対するウチ言葉が全体の1割強あったことも象徴的である。こうした文化的相違は，気づかれないまま異文化摩擦の原因となっていることも考えられる。知見を重ねてゆくことが必要である。

引用文献

Austin, J. L.（1975［1962］）*How to Do Things with Words.* 2nd ed., Harvard University Press.（J・L・オースティン〈坂本百大 訳〉(1978)『言語と行為』大修館書店）

Searle, J. R.（1969）*Speech Acts : An Essay in the Philosophy of Language.* Cambridge University Press.（J・R・サール〈坂本百大・土屋俊 訳〉(1986)『言語行為―言語哲学への試論―』勁草書房）

任炫樹（2004）「日韓断り談話におけるポジティブ・ポライトネス・ストラテジー」『社会言語科学』6(2)：27-43.

李海燕（2013）『「断り」表現の日中対照研究』博士学位論文（東北大学，博士（国際文化））.

7 | 感謝・謝罪・褒め
―言語行為とポライトネス②―

滝浦真人

《学習のポイント》
・《感謝》と《謝罪》をポライトネス的観点から捉えることの意味
・感謝と謝罪の文化的意味を日本語と英語の比較対照から考える
・謝罪を例に日本的に好まれるパターンの存在と文化差の存在を知る
・《褒め》にまつわる問題をポライトネスの観点から整理し理解する

1．感謝と謝罪のポライトネス

　前章で見た依頼や勧誘は，する側・される側ともに，自他のフェイスのバランスを取りながら微妙な判断が求められる，とても複雑な言語行為だった。本章では反対に，実質的な意味内容を伝える言語行為のうち最も基本的なものに焦点を当てたい。具体的には，《感謝》と《謝罪》，そして《褒め》である。とても単純そうに見える言語行為だが，どこに基準線を引いて何をどう伝えるかは，言語ごとに実は結構な違いがあり，そこから各言語文化が何を重要とみなしているかが透けて見える。まずは感謝と謝罪について考えよう。

　ポライトネスの基本的な二方向すなわち遠隔化と近接化の観点からすると，前者では，触れてはいけない，なるべくなら触れない，触れざるを得ないときは遺憾の意を表明する，というのが基本的な考え方となる。遺憾の意を表明する典型的行為が《謝罪》（ないし《詫び》）である。反

対に後者では，触れたい，通じ合いたい，通じ合えてよかった，という考え方となり，通じ合えてよかった気持ちの表明が《感謝》（ないし《お礼》）である。このように，謝罪と感謝がネガティブ・ポライトネスとポジティブ・ポライトネスを表す基本の対となる。日本語でこれらを表す言葉といえば，謝罪が「すみません」「ごめんなさい」「申し訳ありません」（及びそれらのバリエーション），感謝が「ありがとうございます」「お礼（感謝）申し上げます」（のバリエーション）が代表的である。

　と書いた途端，異論が聞こえてくる。日本語では，「すみません」や「申し訳ありません」は，謝罪だけでなく感謝の言葉としても用いられる。それはどう説明すればよいのか？と。感謝と謝罪を取り上げてわざわざ一章とした大きな理由は実はそこにある。日本語の詫び表現は"敬避的"なポライトネスという発想をよく体現しており，感謝／謝罪という区分とポライトネス的な区分の興味深いずれを見せてくれる。この点，英語などとの比較検討も有効に思われる。

　ではまず，謝罪以外に使われる日本語の詫び表現を挙げておこう。

(1)　謝罪でない詫び表現
　a「いつもお気づかいいただいて，<u>すみません</u>。」
　b「あの，<u>すみません</u>，ハンカチ落としましたよ。」

(a)では感謝の言葉として「すみません」が使われている。「申し訳ありません」も，目上の人物に対する同様の言葉として用いられる。「ごめんなさい」だとしっくりこないが，気の置けない関係で「いつもごめんね」と言うような場面なら自然だろう。(b)は，違和感があるという人もいるかもしれない。ハンカチを落としたと知らせてあげるときに「すみません」は妙だという理屈はもっともだが，しかし実際には，知らな

い相手に対する呼称が日本語にないため,「あの」や「ちょっと」のような呼びかけの言葉とならんで「すみません」もまま聞かれる。

　ポライトネス的な解釈をすれば,「すみません」は相手の領域に触れた(触れる)こと,相手の邪魔をしてしまった(しまう)ことに対するネガティブ・フェイスの補償という意味を持つ。(a)のように相手がこちらのために何かをしてくれた場合でも,相手は自身の自己決定の自由を犠牲にして労力や所有物をこちらに振り向けてくれたのだから,相手が払ったフェイスの犠牲に対して詫びることが,そのフェイス侵害に対する補償となり,それが事実上感謝の表明となる。(b)も,相手を呼び止めてこちらを向かせることはそれ自体相手のネガティブ・フェイスの侵害であるから,「すみません」によってそれを補償すると解釈できる。そうした意味では,(a)も(b)も詫びていると言ってかまわない。日本語は,ネガティブ・フェイスの侵害全般を詫びる言語だということになる。

感謝と謝罪の日英対照

　ポライトネスの概念によったものではないが,「負い目・恩義(indebtedness)」という概念を使って日本語と英語などを比較した研究がある(Coulmas, 1981)。クルマスは,話し手の意図として感謝表明と遺憾(regret)表明を分けた上で,それに「負い目」が関わっているか否かでさらに分けた。負い目の感覚において感謝と遺憾は連続的となる。その区分に英語や日本語の表現を当てはめてゆくと,面白い対応関係が見えてくる。表7-1に示す。

表7-1　感謝と謝罪の日英比較 (Coulmas, 1981に基づく)

意　図	感謝表明	遺憾表明	
負い目	無	有	無
日本語	ありがとう	すみません	残念です
英　語	Thank you	…	I'm sorry
言語行為	感　謝	謝罪	後悔

遂行される言語行為の種類が一番下にあるが，日本語の「すみません」はたしかに《感謝》と《謝罪》の両方にまたがる。上にたどっていくと，その理由が見えてくる。「負い目」のところを見ると，「すみません」は負い目が「有」の形式である。負い目が「無」である感謝表明も遺憾表明もあって，その感謝表明の形式が「ありがとう」であり英語の Thank you. である。たしかに，自分の語感でも，期待どおりの何かをしてもらったときは「ありがとう」でいいが，期待していなかった何かを余分にしてもらったりすると，「すみません」が出やすいように感じられる。英語では，負い目が「有」の感謝形式は空白となっている[1]。

　この表は英語についても面白いことを教えてくれる。英語の方ではI'm sorry. が《謝罪》と《後悔》という2つの言語行為にまたがっている。そういえば学校でこの表現を謝罪の言い方として教わるのに，そのうち，詫び場面でないときに使われる例が出てきて当惑したりする。

　(2)　I am (/ I feel) sorry for you.「お気の毒です。」

つまり英語では，負い目の感覚を伴って使えば sorry は謝罪の言葉となるが，他人の不幸など話し手に負い目の感覚がない場合には，残念だという遺憾の意を共感的に表す言葉となるのである。ポライトネスの観点から見れば，英語の sorry を単純に（謝罪のための）ネガティブ・ポライトネスの言葉ということはできず，負い目の有／無によって，各々ネガティブ／ポジティブと働きを変えると見なくてはならない。

　表にも表れているように，日本語は「すみません」の守備範囲が広く，その意味で感謝よりも謝罪への傾きを強く持っていると見ることができる。一方英語は，負い目のない表現が優勢であり，感謝にせよ遺憾にせよ相手との共感の表現への傾きが強いといえる。そういう意味で英語らしい表現の一つとして，

---

[1] I am obliged to you. は直訳すると「あなたに対して恩義に感じている」ということで，負い目有りの表現と言ってもよさそうである。

(3) Thank you in advance for your help.
　　（直訳；ご協力に前もって感謝します。）

　日本語に訳すとしたら「どうぞよろしくお願いします」あたりが最も近いだろうが，これは依頼の表現である。(3)のような協力要請の文脈なら，日本語では「お忙しいところ申し訳ございません」や「大変ご面倒をおかけいたしますが，…」といった詫び表現の方が座りがよい。
　そうした日本語に少し変化も感じられる。英語からの影響という可能性も十分あるだろう。日本語に英語的な発想の表現が混じるようになって，謝罪から感謝へという動きが見られる。

(4) （トイレの貼り紙で）
　　「いつもきれいにお使いいただき，ありがとうございます。」
(5) （長いメールの末尾で）
　　「最後までお読みくださり，ありがとうございました。」

　(4)は，従来なら「トイレはきれいに使いましょう」という呼びかけだったところだろう。要請の実現を先取りして感謝表現を用いるのは，いかにも英語的な感じがする（例えば，英語圏のテニスの大会で観客がざわついていると主審が"Thank you."というなど）。(5)も，従来なら「以上，長文にて大変失礼いたしました」と詫びるのが普通だったところである。これからの日本語に関わる問題である（最終章参照）。

2. 日本人の詫び

　日本語のコミュニケーションを考える上で，日本的な詫び方の"癖"を知っておくことは悪くない。前章の最後にも出てきたが，日本語では

詫びの言葉が頻繁に発せられる。上で見たように感謝も詫びだとなればなおさらである。しかし，私たちが当然のように感じ，ともすると普遍的とさえ考えかねない詫び方は，実はここ百年ぐらいの間に作られた日本語コミュニケーションの"型"である。

ためしに，典型的な詫び場面を考え，自分がそこでどんな風に詫びるかを考えてみてほしい。例えば，映画を見に行くなどの約束をして友だちと待ち合わせをしたのに，寝坊や勘違いなどの原因で大きく遅れてしまい，なぜか連絡もつかなかったため相手はカンカンに怒っていたという場面としよう。サンプルとして20歳ぐらいの大学生の答えを掲げる。

(6) 詫びの談話
「本当にごめん！ すっかり寝坊しちゃって間に合いそうになかったから，すぐに電話したんだけどつながらなくて，急いで来たけどこんな時間になっちゃった。本当にごめん。どうしたら許してくれる？」

こうした，あるまとまりを持った（この場合は目的に関する）言葉の集まりを談話と呼ぶが，それを内容と形に着目してパターン化してみると，人によってばらばらのように見えた談話が実はかなり共通する構造を持っていることが見えてくる。(6)の構造は，例えば，

［定型詫び］＋［理由説明］＋［補足情報］＋［定型詫び］＋［伺い］

のようにパターン化することができる。「定型詫び」の「定型」とは謝罪用の決まり文句があってそれが用いられているということで，(6)ではそれが1回ではなく後ろにもう1回現れている。同じように何度か大学生に書いてもらったものを見ても，前半はあまり変わらず，かつ，理

由説明や補足情報は短かった。理由説明が多くなると言い訳がましく聞こえるという日本語的な感覚があるように思われる。後ろの部分で，埋め合わせの提案や相手の意向を尋ねる「伺い」が多く現れたが（「もう映画始まっちゃったね」「おごるから食事でも行こうか？」等），「定型詫び」が再び現れる場合には，その順番は上と逆になることも多かった。

こうした談話の構造に着目した研究は比較的新しいが，母語話者と学習者で謝罪のストラテジーがどう異なるかを調査した研究などが出始めている（内山，2006）。内山は，日本語母語話者と台湾の日本語学習者を比較しながら詫び場面のロールプレイで調査した。その結果，母語話者では8割に「再謝罪」（定型詫びの再使用）が現れたのに対し，学習者では2割にとどまっていた。一方，学習者では，謝罪の受け入れに対する感謝（典型的には「ありがとう」）を用いる傾向があり，レベルが下（日本語能力試験2級）の学習者では4割に上っていた。

前に見たあいさつに関しても（第2章，第4章），日本語では初めと終わりを定型のあいさつで挟む傾向が非常に強い。この再謝罪についても同じように考えられる。つまり，詫び談話の初めと終わりを定型の詫び言葉で挟んで区切っていると見るのである。そう思って他の言語行為を考えてみると，実は感謝なども典型的にそうであることがわかる。例えば，人に何かお礼のメールを書こうとしたら，その談話構造は，

［定型感謝］＋［恩恵内容］＋［関連／非関連事項］＋［定型感謝］

という擬似"起承転結"構造にすると，どこか収まりがよく感じられてしまう。「〜ありがとうございました」で始め，具体的な感謝の内容を書いた後，関係のあるようなないような話を入れて，最後にまた「ありがとうございました」で締めるという談話の型は，日本人にとってはかなり身体化されているといえるだろう。

定型句はどれもその言語行為専用であるため，それを言えばその言語行為をしたことになる利便性が非常に高い。それで前後を挟むという形を見ていると，言語行為の種類に応じた"ハンコ"がいくつか用意されていて，それを最初と最後に押しているかのように見えてくる。こうした"コミュニケーションのハンコ"は，利便性が高い反面，実質を欠きやすいという側面も大きい。この点理解しておく必要があるだろう。

謝罪の文化差

あいさつでも言語行為でも，日本語の定型表現好みはかなりはっきりしている。これと対照的なのが，あいさつの章でも触れた中国語である。ある調査結果を紹介しておく（張，2008）。いくつかの詫び場面における詫び談話を，日中の大学生と社会人を対象に質問紙で調査した結果，日本語では人間関係にかかわらず，「ごめん（なさい）」「すみません」「申し訳ありません」などの定型表現がほぼいつでも用いられた。中国語にも「ごめんなさい」「すみません」に相当する"对不起""不好意思""抱歉"といった定型表現があるが，それらは人間関係によって用いられたり用いられなかったりした。調査結果は，相手との親疎関係と上下関係の観点から考察された。定型表現の使用状況は表7-2のようになった。

表7-2 詫び場面における定型表現の使用状況 （張，2008）

親疎関係（大学生調査）				
相手	未知の人	同級生・疎	親友	母親
日本	100%	98%	97%	97%
中国	100%	97%	10%	2%

上下関係（社会人調査）		
相手	上位者	下位者
日本	100%	100%
中国	100%	18%

日本の方は相手による変化がほとんどない"金太郎飴"的な様相を示したのに対し，中国の方は，定型表現の使用に関する明確な境界線があった。親疎関係で"親"とみなされる「親友」や「母親」にはごくわずかしか定型詫びが用いられなかった。また，上下関係で"下"である「下位者」にもわずかしか定型詫びが用いられなかった（表中で数字が斜体になっている部分）。このことから張は，中国語のコミュニケーションでは，人間関係自体が"疎または上"のグループと"親または下"のグループに分かれており，前者は定型表現を用いる格式的関係であり，後者は定型表現を好まない非格式的関係であることを示唆していると結論づけた。また，非格式的関係のグループでは，事情説明や補償の申し出等に加え，親密さの表現や冗談めかした楽観的見通しの表現が少なからず用いられた。この研究結果は，言語行為の定型表現自体が敬避的な性格を帯びていることも示唆している。

3．褒める・褒められる

　本章で扱いたい言語行為はもう一つある。それは，とりわけ「日本語のコミュニケーション」という観点から，日本語的な特徴の表れでありかつそれが変化しつつあることを示す言語行為で，具体的には《褒め》である。今この教科書を読んでいる人は，褒めに関して2つのグループに分けられる。それは，「目上の人を褒める」ことについて，「褒めてはならない」と言われて育った人とそうでない人である。

　「目上を褒めてはならない」という論理を考えよう。褒めるとはどういう行為だろうか？　それは，相手の好みや考え，あるいは行いについて，それが評価されるべき高い水準にあることを明示的に述べることである。それだけなら何も問題なさそうに思えるのに，実際微妙な問題を生じさせるのは，褒める主体が話し手であるため，褒める内容を高い水

準にあると評価するのも話し手自身にほかならないからである。つまり，褒めとは話し手の価値観に合致していることの表明という側面をもつ。このことが上下の人間関係と関わると厄介な問題となる。

　目下の側が目上を褒めるとすると，目上側の行いや考えを目下側の価値観によって測るということになり，そのことが，上下の転倒や少なくとも目下が目上と対等の位置にまで上がってしまうという意味合いを持ってしまう。「目上を褒めてはならない」という論理の核はここにある。そしてもう一つ，第2章でも述べたように，日本語では目上の相手の私的領域に触れないという暗黙のルールがある（あった）。たとえ良い内容であっても，それが相手の領域を侵すことになるならば，かえって相手を貶めるものと解釈されかねない。

　述べる内容や表し方によっては相手の私的な領域に触れてしまうため，それを避けるストラテジーが盛んに用いられた。代表的なのは，聞き手に触れず話し手だけに関わるような事柄として述べることである。

(7)　目上の褒め方（旧来型）
　a （話が面白かったということを）「とても勉強になりました。」
　b （お洒落だということを）「私にはとても真似できません。」

　こうしたネガティブ・ポライトネス的な暗黙のルールは，上向きの発話でのみ適用され，反対の下向き発話では適用されない。あるいは，日本語のコミュニケーションにおける上位者であることの証を，相手の私的領域に触れることを忌避しなくてよいという点に求めることさえ可能であると思われる。目上の側が言うのであれば，(7)のような領域回避の必要はなく，

(8) 目下の褒め方
a 「話，すごく面白かったよ。」
b 「いつもお洒落だね。」

のようにストレートに言うことができる。

　これを旧来の日本語コミュニケーションにおける上下の非対称性と見るならば，他方の目上を褒めてもよい（褒めることに抵抗がない）という世代は，相手のネガティブ・フェイスを尊重することよりも，相手のポジティブ・フェイスを満たす方が優先されてよいと感じる世代だということになる。実際，旧来の上下の秩序にあっては，会話はつねに目上側によって主導され，目下側からの働きかけが基本的にしにくかった。日本社会自体が，上下が基本の"タテ"関係から親疎を基本とする"ヨコ"関係へと比重を移すにつれ，こうした関係のありようは一種の息苦しさとして感じ取られるようになってきた。そうした心理が，いま日本語にポジティブ・ポライトネス的な表現，特に目下から目上に対して距離を詰めるような表現を増やしつつある。これも最終章でまた触れる。

褒めへの応答
　褒めの厄介さは，実は褒められる側にとっての悩ましさでもある。上の話の逆で，目上から褒められたとき，褒めをそのまま受け入れると自分が尊大化してしまうというので，筆者（滝浦）も，目上から褒められたら「いえ，私などとても…」と言って打ち消すぐらいが丁度だと教わった世代に属する。
　しかし，最近の研究結果は，これももうずいぶん平準化されていることを示している。褒めへの応答を「肯定」「否定」とどちらでもない「回避」という3つのストラテジーに分類した場合，肯定が30％前後，否

定が10%強，回避が50〜60％程度といった数字が示されている（平田，1999；大野，2010）。最も多いのが，受け取り方を曖昧にする「回避」であり，逆に最も少ないのが，かつては規範的ともいえた「否定」だということになる（否定的な「回避」を「否定」と合わせれば見え方も少し違ってくるだろうが）。褒められた相手との上下関係についても，顕著な差はないと上の研究では報告されている。日本語における上下の非対称性が解消される方向に進んでいることは確かなように思われる。

　褒めの否定が好まれなくなっている理由もまた，ポジティブ・フェイスの重視にある。自分が尊大化するリスクがあるとはいえ，褒めもまた相手が発した言葉にほかならない。その内容を否定することは，やはり相手の発言の否定であるため，相手のポジティブ・フェイスを侵害する効果を持ってしまう。それを嫌うならば，とりあえず受けておいて（「ありがとうございます」），何か情報を付加して褒めを「軽減」するといったストラテジーが選択されやすくなる。

　ネガティブ・ポライトネスからポジティブ・ポライトネスへという変化は対人的な距離感の全般的な変化を示していると考えられるが，他方で，他言語と比較対照することで見えてくる日本語の対人的な距離感は，また少し違った様相を見せる。日本語と韓国語における褒めを対照した研究がある（金，2012）。同性の親しい大学生同士の会話中に現れた褒めの談話を収集したところ，まず，褒めの出現数は韓国語が日本語の1.5倍ほどあった。また，韓国語では根拠や意見などの具体的説明を伴ってなされる傾向があった。褒めに対する応答を「肯定／否定／回避／それらの複合」に分けると，両言語とも回避や複合が多かった（日本語で約4割，韓国語で約3割）。しかし，否定に傾く回避や最初の返答を否定に転じる複合は日本語で多く，肯定的なものは韓国語で多かった。さらに，韓国語の肯定には，褒められた人が自慢する返答が多くあった。

(9) 褒めに対する積極的な肯定 （金，2012 韓国語の日本語訳）
D「あなたは声がきれいだから（うん），何でもうまくいくと思う。」
I「当たり前じゃん。」
D「あら。」
I「当たり前じゃん。＜笑い＞
　ね，『○○大学』今回定員に達しなかったって。」

金の研究は親しい友人同士の関係を対象としており，もともと対人的な距離感が小さい間柄といえる。そのとき，日本語の例だけで考えていると，この(9)のような応答は見落とされやすい。相手から何かを褒められたときの応答には，否定と肯定の範囲だけでも実は多様なバリエーションがある。例えば，着ているセーターを友だちから褒められたときの応答では，次のような例を考えることができる。

(10) 褒めへの応答パターン
「そのセーター，いいね。お洒落。」
a「ほんと？　なんか着てみたら似合わない気がして…。」
b「あー，これ，ユニクロのイチキュッパ（¥1980）なんだ。」
c「そう？　サンキュー。」
d「うん，こういう感じの，好きなんだよね。」
e「へへ。わたし，ちょっと，セーターにはうるさいから。」

(a)は否定応答，(b)は潜在的な否定応答，(c)は中立的な受容，(d)は肯定応答，(e)は積極的な肯定応答，と分けることができる。この振幅で考えた場合，先の日本語コミュニケーションの変化は，(a)から(b)(c)あたりの範囲に収まる話である。近しい人間関係になれば(d)のよう

な応答も出てくると考えられるが，(e)の「自慢」のような応答は，例えば標準語的なコミュニケーションでは少々思い描きにくい。その意味では，近しい人間関係における心理的対人距離は，日本語は韓国語より大きいことになる。一方で，方言によるコミュニケーションを考えるなら，また違った距離感となるだろう。他のものと比べてみることの意味は，そのことで自分のいる位置がよくわかるところにある。

引用文献

Coulmas, F. (1981) Poison to your soul : Thanks and apologies contrastively viewed. In F. Coulmas (Ed.), *Conversational Routine*. Mouton.

内山和也（2006）「台湾日本語学習者における『謝罪を申し出る表現』のテクストの構造について ～日本語母語話者によるロールプレイとの比較～」『2006年「語言應用學術研討會」論文選』育達商業技術學院應用日語系.

大野敬代（2010）『日本語談話における「働きかけ」と「わきまえ」の研究 ―目上に対する「ほめ」と「謙遜」の分析を中心に―』博士学位論文（早稲田大学，博士（教育学））.

金庚芬（2012）『日本語と韓国語の「ほめ」に関する対照研究』ひつじ書房.

張群（2008）「詫び表現の中日対照研究 ―ポライトネスの観点から―」修士論文（麗澤大学大学院言語教育研究科）.

平田真美（1999）「ほめ言葉への返答」『横浜国立大学留学生センター紀要』6，横浜国立大学留学生センター.

8 | 対人関係のマネジメント

大橋理枝

《学習のポイント》
・ニーズの充足のためのコミュニケーションの必要性について考える
・対人魅力について把握する
・対人関係の展開について理解する
・ジョハリの窓と自己開示について理解する
・日本での対人関係の捉え方について考える

1. コミュニケーションの必要性

　これまで，あいさつや依頼，謝罪など，人間関係を維持するために使われる様々な言葉の仕組みをみてきた。ところで，人はそもそもなぜ対人関係を結ぼうとするのだろうか。本章ではこれまでにみてきた対人関係のコミュニケーションの背後にある，対人関係構築の仕組みについて考えてみる。

　人間は人間として生きる限り，周囲の人とコミュニケーションを取る必要があるのだという考え方がある。末田・福田（2011）や寺島（2009）は，マズローの欲求階層説及びアルダーファーのE. R. G. 理論を紹介し，この各階層の欲求を満たすために人間はコミュニケーションを必要とするのであると論じている。

　図8-1の最下段にある「生理的なニーズ」や「生存ニーズ」は「人間にとって最も原初的で基本的なニーズ」（寺島，2009，p.23）であり，

マズローの欲求階層		アルダーファーの E. R. G. 理論
自己実現のニーズ 自己実現したいというニーズ		成長ニーズ
他者から尊敬・承認されたい というニーズ 他者を尊重・尊敬し，他者からも 尊重・尊敬されたいというニーズ	自尊心を満たしたい というニーズ	
	他者から尊重される ニーズ	関係ニーズ
愛情や所属のニーズ どこかに所属したい，又は誰かに所属したいというニーズ 他者を愛し，他者から愛されたいというニーズ		
安心・安全のニーズ 物理的・精神的な安全や安定を 確保したいというニーズ	人間関係的側面	
	物質的側面	生存ニーズ
生理的なニーズ 身体を正常な状態に保てるように，水・空気などを 一定の状態に保ちたいというニーズ		

図8-1 マズローの欲求段階説と，アルダーファーのE. R. G. 理論
（末田・福田，2011，p.24，及び寺島，2009，p.26を参考に作成）

上段にいくに従ってより高度なニーズであるとされる。マズローの説によれば，上位のニーズが満たされるためにはそれよりも下位のニーズが満たされなければならないとされる。一方，アルダーファーの説によれば，私たちは生存・関係・成長ニーズのバランスを取りながら生きているのであり，あるニーズの充足のために他のニーズの充足は前提とされない。

　これらのニーズを充足させるために，人間はコミュニケーション行動を行う。例えば，赤ちゃんが空腹時やおむつが汚れたときに泣いてそれを知らせて周りの大人に対応を要求するのは，生存ニーズを満たすためのコミュニケーション行動であるといっていい。泣くというのは立派な非言語メッセージであり，その赤ちゃんの世話をする役割の人は（通常

の状況下であれば)泣くという形で記号化されたメッセージを解釈して，然るべき対応を取る。また，私たちは関係ニーズを満たすために他人と関わろうとするが，もちろんその際にもコミュニケーションが必要だし，他人から承認を得るためにもコミュニケーションが必要である。このように，ニーズを満たすためというのが私たちが対人コミュニケーションを維持しようとする大きな動機になるというのがこの考え方である。

少し話を展開させれば，「関係ニーズ」に当たる部分の充足ということを考えると，第5章から第7章で述べられたポライトネスの概念はかなり有効にこのレベルのコミュニケーションを説明できると思われる。他人を尊敬・尊重したい，また他人から尊敬・尊重されたいからこそ，私たちは様々なポライトネスの方略を用いてコミュニケーションを行うのである。言葉を換えていえば，生存ニーズを満たすためのコミュニケーションは，いわばこちらの要求を満たしてくれる人であれば相手が誰でも構わないようなコミュニケーションが典型的であろう。しかしながら，関係ニーズを充足させるためのコミュニケーションとなれば，自分の関係ニーズを満たすために誰とコミュニケーションを取るか，そして誰と対人関係を保つかが問題になってこよう。そこで，次節では特定の他者と対人関係を結ぼうとする際の過程について考察を進めてみよう。

2．対人関係構築の動機

「誰でもよい他人」ではなく，ある特定の相手と，コミュニケーションを始めようと私たちが思うのはなぜだろうか。非常に簡単に言ってしまえば，私たちは魅力的であると感じない相手とは対人関係を構築しようとは思わない。つまり，対人関係を構築するためにコミュニケーションを取ろうと考える相手というのは，私たちにとって魅力がある相手であるといえる。ではどのような相手に私たちは魅力を感じるのだろうか。

人を惹きつける要因のことを「対人魅力」という（末田，2013）。宮原（2006）は，その種類として，(1)物理的距離，(2)身体的魅力，(3)類似性，(4)補完性，(5)他者の評価，を挙げている。
　「物理的距離による対人魅力」というのは，私たちは文字どおり物理的距離が近い相手と対人関係を構築する可能性が高い，ということである。たまたま隣の席に座ったり，たまたま通学方向が同じだったり，たまたま会社で同じ部署で仕事をしていたり，などが物理的距離の近接性の例として挙げられる。これは，人間は様々な行動の中でなるべく「代価」のかからないものを選択しようとするものであり，物理的距離が近い相手とコミュニケーションを取るに当たっては代価が少なくて済むからである。逆に，わざわざ部屋の反対側に座っている人とコミュニケーションを取ろうとすることは，隣の人とコミュニケーションを取るより代価がかかる（わざわざ部屋の反対側まで移動しなければならない，又は部屋の反対側まで聞こえるような大声を出さなければならない，など）ため，あまりないだろうと考えられる。もっとも，物理的距離から生じる代価を上回るような対人魅力がある相手であれば，話は別なのであるが。
　「身体的魅力による対人魅力」というのは，相手のことをかっこいいと思ったり，素敵だと思ったりする気持ちのことである。もちろん，何を魅力的であると感じるかは人によって異なるので，何が身体的魅力となるかを定義することは非常に困難になる。が，リッチモンド・マクロスキー（2003＝2006）によれば，「一般的に，われわれは身体的に魅力的な人々を好む」（p.17）し，「人は身体的に魅力がないと思う人との接触を避けようと試みることがよくある」（p.17）し，「身体的に魅力的でない人を社交的につきあったり，一緒に働くのにふさわしくない人であると判断する傾向がある」（p.17）という。また，身体的魅力は，対人関係構築の初期段階では，ある人が別の人に接近するかどうかを決定す

る要因ともなるし，他者とのコミュニケーションが生じるか否かにも影響する（リッチモンド・マクロスキー，2003＝2006）。

「類似性による対人魅力」というのは，「外見，行動パターン，考え方，性格など，相手が自分と同じ，あるいは似たものをもっていると，それが対人魅力に発展する」（宮原，2006，p.149）というものである。これも，人間はより代価のかからない選択を行うということから説明ができる。自分とはまったく異なった外見や考え方の人と対人関係を構築しようと思っても，相手の言動や考え方が自分と異なればその分相手と付き合うのに高い代価が必要となるので避けたがる傾向になるということで，いわば「似た者同士」の親しさである。しかしながら，これには反対のダイナミクスが働くこともあり，その場合は「補完性による対人魅力」ということになる。相手が自分にないものを持っていることが対人魅力になる場合であり，相手に対する憧れなどが対人関係を構築しようとする動機となる。

最後に，「他者の評価による対人魅力」というのは，自分にとっては初対面の相手でも周りから相手の評価をうわさなどのかたちで聞いている場合があり，周りの評価が高い人とは対人関係を構築してみたいと感じるような場合である。逆に，周りの評判が悪い人の場合は，対人関係を構築したいと思わないと感じられるかもしれないし，かえってそれが対人関係構築の動機になるかもしれない。

ここで注意しておきたいのは，このような対人魅力の中には非言語メッセージとして発信されているものが多く含まれているという点である。他者の評価は言語メッセージとして受け取っている可能性が高いと思われるが，物理的近接性は対人距離の問題だし，類似性や補完性は顔つき，体つき，立ち居振る舞い，服装，持ち物，などといった，外見的特徴・身体動作・人工物に関わる。これらの非言語メッセージは，意図

的に送信されているものもある（クラスの中で自分を魅力的に見せようとして服装に気を使っている場合など）し，無意図的に送信されてしまっているものを受信しているものもある（相手が他人に向けた笑顔を魅力的だと感じた場合など）。リッチモンド・マクロスキー（2003＝2006）は，人の外見と対人関係構築との関係を次のように述べている。

1．一般的に，外見に基づいたメッセージは，最初に受け取られる。
2．これらの外見メッセージは，最初に，その人と話をするかしないかという意欲に，大きな影響を与える。
3．これらの外見メッセージは，どのように関係を進展するかしないかに，大きな影響を与える。
4．これらの外見メッセージは，他者についての初期判断を行うために，使用されることがよくある。
5．他者についてなされた初期判断は，その人を代表したり，しなかったりする。

(p.15)

　初対面の相手と対人関係を構築するか否かを考えて，構築するという判断をした場合，その後の対人関係はどのような展開をたどるのか。次節ではその点について詳しく検討する。

3．対人関係の展開

　石井（2013）は対人関係の進展を「両者の接触」「両者の関係の成立」「関係の発展」「関係の確立」「関係の衰退」「関係の終局」の6段階で示している。また，このすべての段階を経ない対人関係もある（例えば「関係の確立」にまで至らないまま「関係の衰退」に向かってしまう場

合など）と述べている。宮原（2006）は「人間関係発展のコミュニケーション」及び「人間関係後退のコミュニケーション」としてそれぞれ5段階ずつを挙げている。それによれば，「人間関係発展のコミュニケーション」は (1) 出会いの段階，(2) 探り合いの段階，(3) 関係強化の段階，(4) 統合の段階，(5) 結束の段階，という過程を経ることになり，また「人間関係後退のコミュニケーション」としては (1) 食い違いの段階，(2) 制限の段階，(3) 沈滞の段階，(4) 回避の段階，(5) 関係終結の段階，という過程を経ることになる。ここでは「人間関係発展のコミュニケーション」に絞って説明する。

　「出会いの段階」に入るかどうか自体は，先に述べた対人魅力などに基づいて，意図的に選択される場合もあるだろうし，若しくはたまたまぶつかってしまったなどの無意図的な形で入ってしまう場合もあるだろう。いずれにしても，「出会いの段階」では，「この先関係を深めていくべきか，それともただの顔見知りの関係にとどめておくかを判断する」（宮原，2006, p.152）ために，人は自分とは直接関係のない，社交的な，当たり障りのない内容のコミュニケーション（スモール・トーク）を行う。天気が代表的な話題であるが，その場を共有しているという状況の下で成り立つ会話など（今自分たちがいる場所に関する話など）も比較的無難である。この段階から先に行かない相手は，「会えば挨拶する程度の顔見知り」であるといえよう。先の章で出た例を出せば，まだ「ペンを忘れちゃったんですが，貸していただけないでしょうか？」「すみません，ペンをお借りしたいのですが。」「ペンお借りできますか？」と頼むような間柄である。

　次の「探り合いの段階」では，「自分を抑圧することなく相手と交換し合うことができる話題，趣味，考え方などを見つける」（宮原，2006, p.152）ために，さらにコミュニケーションを行う。その結果，もっと

対人関係を深めたいかどうかの判断を行うのである。この段階で留まる相手は、「当たり障りのない話をする知り合い」程度の間柄であるといえる。「ペン貸してください。」という頼み方をするような間柄であろう。

　三番目の「関係強化の段階」になると、相手との間の信頼が深まり、他の人にはしないような、自分自身に直接関わるような内容の事柄を、その相手には話すようになる。あだ名や愛称で互いを呼んだり、自分たちのことを「わたしたち」というまとまりで捉えたりするようになる。この段階の相手は「友だち」であるといってよいだろう。「借りてもいい？」や「ペン貸してね。」という頼み方が許される間柄である。

　さらに先の段階である「統合の段階」になると、周囲に対しても二人の親密さが明らかになる。恋愛感情を持っている者同士であれば、「恋人同士」として自他共に認めるような段階である。恋愛感情を持っていないながらも親しい間柄であれば「親友」といっていい間柄である。相手に代わって判断を下したり、物を共有したりするようになる。借りる場合でも「借りるよ。」という言い方で済むであろう。

　最終段階である「結束の段階」では、恋人同士なら婚約や結婚といった形で二人の関係が社会的、法的に認められる段階である。相手との関係を自分の都合だけで破棄することが許されなくなり、互いに対する責任を相手にだけでなく周囲にも明示することになる。この段階までくれば、いちいち借りることを断らなくても、黙って借りるかもしれない。

　（もっとも、明らかに所有権がどちらかに帰属していると思われる場合——例えば、当人が非常に大切にしているペンを敢えて借りる場合など——には、日本語文化圏ではやはり借用の許可を求める必要があるだろう。）

　このような過程を経て段々に人間関係が発展していくにつれて、コミュニケーションがどう変化するかについては、様々な先行研究があるが、「好意を抱く相手に対して、発言時間や語数が多く、相手を見つめ、

距離を縮め，身体を真っ直ぐ相手に向け，前傾姿勢をとり，相手の身体に触れ（握手，抱擁など）がちになる」（大坊・磯，2009, p.24）ことが知られている。しかし，統合の段階までは，相手に対する好意の高まりとこのようなコミュニケーションの直接性は相互循環的に比例していくものの，最後の結束の段階になるとかえってコミュニケーションの直接性は低下する（大坊・磯，2009）。「親密さがある程度高まると，今度は反対にコミュニケーションの直接性が低くなり，会話が減り，視線を交わす頻度も減少し，接触行動も少なくなる」（小川・吉田，2009，pp. 132-133）のである。これは，ある程度以上親密な相手とは黙っていても一緒にいて苦痛ではないと感じられることと符合している。相手ともっと親しくなろうとする間は，もっとコミュニケーションを活発化させたいと感じるのに対し，ある程度以上親しくなったら，それ以上コミュニケーションを活発化させる必要性を感じないということなのであろう。一方，小川（2007）は，知人との会話では「世間話」「冗談」「うわさ話」が多かったのに対し，親友との会話では「うわさ話」「近況報告」「冗談」が多く，恋人同士の会話では「その日にあった出来事の報告」「朝の習慣的な会話」「冗談」「うわさ話」が多かったというゴールドスミスとバクスターの研究結果を紹介し，「これらの結果は，親密な関係であっても，日常のたわいもないコミュニケーションが重要であるということを示唆している」（p.76）としている。

　考えてみれば，対人関係を発展させていく過程というのは，即ち物理的・社会的な対人距離をどう縮めていくかをたどったものであるといっていい。つまり，これまで述べてきたような，対人関係を調節する言葉の使い方が，それぞれの段階に対応して変化すると考えられるのである。また，このことは，どの段階でどの程度のポライトネスが期待されるかということとも関係がある。「出会いの段階」や「探り合いの段階」で

は社会的距離が遠く，ほのめかしやネガティブ・ポライトネスが優先されるであろう。一方，「関係強化の段階」までくれば，ポジティブ・ポライトネスを使った方略も有効であると考えられる。さらに，統合の段階や結束の段階では，ポライトネス方略自体が必要とされなかったり，敢えてポライトネス方略を用いないという選択肢が取られたりするかもしれない。

　もっとも，これは日本語文化圏での対人関係の中で考えた場合であり，この点には文化差があることは忘れてはならない。「出会いの段階」から「統合の段階」まで，どの程度の速さで推移するかについては，日本人の方がアメリカ人より遅いといわれている。日本人としてはまだ「探り合いの段階」にいる人だと認識しているのに，アメリカ人である相手の方はこちらを「関係強化の段階」の相手であると認識している，というような齟齬が起こることは，異文化間コミュニケーションの場では決して珍しくない。また，第6章で述べたとおり，どの程度親しい相手に対してであればどのポライトネス方略を使うかについても文化差がある。

4．自己開示

　先に述べた人間関係発展の過程の中で，自分の趣味，過去の経験，自分のパーソナリティ，何かに対する自分の意見などを相手に対して語ることは避けて通れない。小川・吉田（2009）は，「自分自身に関する情報を特定の他者に言語的に伝達することを自己開示という」（p.131）と定義する。先に述べた人間関係発展過程の中でも，初対面の人には表面的な当たり障りのない話をし，親しくなるにつれてより深いことを話すことを述べたが，自己開示は対人関係の進展で重要な役割を果たす（小川・吉田，2009）。

自　分　が

	知っている私	知らない私
他者が　知っている私	「開かれた窓」 （開放領域）	「目隠しされた窓」 （盲点領域）
他者が　知らない私	「隠蔽の窓」 （隠蔽領域）	「未知の窓」 （未知領域）

図 8-2　ジョハリの窓
（岡部，1996，p.108；宮原，2006，p.159；中川，2013，p.64 などを元に作成）

　自己開示について検討する際には，ジョハリの窓のモデルを使うと分かりやすい（図 8-2）。このモデルでは，私たちは自分自身が知っている部分と知らない部分とを持っており，また他人が知っている部分と知らない部分とを持っていると考える。自分が知っていて他人も知っている部分を「開かれた窓」（開放領域），自分は知っているが他人には知らせていない部分を「隠蔽の窓」（隠蔽領域），自分は知らないが他人は知っている部分を「目隠しされた窓」（盲点領域），自分も他人も知らない部分を「未知の窓」（未知領域）と呼ぶ。このモデルで説明すれば，自己開示というのは，隠蔽領域にあるものを開放領域に引き出すことである。また，対人関係を進展させるということは，自分と相手との間の開放領域を広げていくことであるということができる[1]。

　自己開示を行う際には，おおまかな順序があることが知られている。宮原（2006）によれば，(1)名前・出身地・身分（学生／社会人，など）・およその年齢，(2)趣味・嗜好，(3)個人的関心，(4)思想・信念，(5)金

---

[1] 開放領域を広げる方法としては，隠蔽領域にあるものを開放領域に引き出す「自己開示」のほかに，盲点領域にあるものを相手に開放領域に引き出してもらう「フィードバック」，及び未知領域にあるものを開放領域に引き出す「発見」がある。

銭関係・価値観，(6)身体（健康，病気，障害，性的関心など），の順に開示されるという。確かに私たちは親しくない相手に自分の病気の話や性的嗜好の話をしたりはしない。逆に，相手がそのような話をしてくれたら，相手との心理的な対人距離が随分縮まったと感じるだろう。

さて，自己開示には「返報性の原則」（相手に自己開示をされたら自分も同程度の自己開示をしなければならない）が効いていることが知られている（小川・吉田，2009）が，この返報性も対人関係が親密化するに従って減っていくと考えられている。さらに，自己開示を内面的な内容と非内面的な内容とに分けた場合，非内面的自己開示は対人関係が親密化するにつれて反比例的に減少していく一方，内面的自己開示は対人関係の進展の中期の辺り（関係強化の段階）で最も多くなり，さらに関係が進展するとまた減っていくという。これは，非常に親しい場合は返報性の規範を気にする必要がなくなってくるからだとされる（小川・吉田，2009）。これも，対人関係の進展に伴って相手との心理的な対人距離が縮まった結果の一つの現れであるといえるだろう。

5. 日本での対人関係の捉え方

丸山（2006）は日本人の行動パターンが「オモテ」と「ウラ」及び「ウチ」と「ソト」との組み合わせで説明できるとした。「オモテ」というのは公的な目があり，建前や形式が重視され，遠慮が必要な状況である。一方「ウラ」というのは公的な目がなく，本音で正直に相対することができ，遠慮が要らないような状況を指す。また，「ウチ」というのは自分たちの仲間内であるとみなすことができるような間柄を指し，「ソト」というのは自分たちの仲間内ではないと考えられる間柄である。「ウチ」と「オモテ」の組み合わせは起こりにくいため，残り3つの組み合わせで（1）「ウチ」と「ウラ」の組み合わせである「親和的状況」，(2)「ソ

ト」と「オモテ」の組み合わせである「儀礼的状況」，(3)「ソト」と「ウラ」の組み合わせである「無秩序の状況」があると論じている。

　この論を先に述べた対人関係発展の過程と関連させてみよう。まず，「統合の段階」や「結束の段階」まで達した相手は「ウチ」の間柄であり，かつ遠慮の要らない間柄であるため「ウラ」の状況であるといえる。即ち，このような対人関係は「親和的状況」であるということができ，これまで見てきた中で心理的な対人距離が近いことを感じさせる言葉がつかわれる間柄である。一方，「出会いの段階」や「探り合いの段階」にある相手は，まだ「ウチ」とはいえず「ソト」の間柄である上，状況としては「オモテ」の状況である。即ち，「儀礼的状況」にある相手であるということができ，ここではこれまでに見てきた中で心理的な対人距離が遠い言葉が使われる間柄であろう。他方，対人魅力を感じず，対人関係を構築する動機のない相手，即ち「出会いの段階」に行かないような相手は，「ソト」の間柄の相手であり，こちらが相手に配慮する必要がないと思われるため「ウラ」の状況であると考えられる。したがってこのような人は「無秩序の状況」にある相手であり，心理的な対人距離は遠いにもかかわらず，最も配慮のない言葉づかいがなされる相手であると考えられる。さらに，「関係強化の段階」は，「儀礼的状況」から「親和的状況」への過渡期であると考えられる。この段階で多くの内面的自己開示が行われる結果，それまで「儀礼的状況」にいた相手が「親和的状況」に入って来るといえるのではないだろうか。このように考えると，対人関係の進展状況から見た対人関係の深さと，相手による言葉づかいの違いとの間の関係を，都合良く整理できると思われる。言葉づかいによる心理的な対人距離の調整は，即ち対人関係の進展過程の調整でもあるといえるのだ。

　一方，日本の社会では上下関係は固定的な傾向が強く，対人関係を構

築する初期の段階で上下差があった場合，その後対人関係の進展に伴ってその差が若干縮まることはあっても，完全に差がなくなったり逆転したりすることはほとんどない。このような社会全体の在り方は個々人を超えたところにあるため，それを反映する規範には個々の対人関係の状況にかかわらず従わなくてはならないことになり，次章で扱う敬語もこの点と関わりがある。このように親疎関係と上下関係との次元が分かれたまま対人関係が持続されるのも，日本語のコミュニケーションの一つの特徴だといえるであろう。

引用文献

石井敏（2013）「対人関係」〈石井敏・久米昭元 編集代表〉『異文化コミュニケーション事典』(p.61) 春風社.

岡部朗一（1996）「個人と異文化コミュニケーション」〈古田暁 監修，石井敏・岡部朗一・久米昭元 著〉『異文化コミュニケーション：新・国際人への条件』第5章（pp.101-120）有斐閣.

小川一美（2007）「親密化過程と会話」〈岡本真一郎 編〉『ことばのコミュニケーション：対人関係のレトリック』第2章第3節（pp.66-80）ナカニシヤ出版.

小川一美・吉田俊和（2009）「ダイナミックな対人関係」〈大坊郁夫・永瀬治郎 編〉『関係とコミュニケーション』第6章（pp.120-139）ひつじ書房.

末田清子（2013）「対人魅力」〈石井敏・久米昭元 編集代表〉『異文化コミュニケーション事典』(pp.65-66) 春風社.

末田清子・福田浩子（2011）『コミュニケーション学：その展望と視点』増補版 松柏社.

大坊郁夫・磯友輝子（2009）「対人コミュニケーション研究への科学的アプローチ」〈大坊郁夫・永瀬治郎 編〉『関係とコミュニケーション』第1章（pp.2-35）ひつじ書房.

寺島信義（2009）『情報新時代のコミュニケーション学』北大路書房.

中川典子（2013）「自己開示とジョハリの窓」〈石井敏・久米昭元 編集代表〉『異文

化コミュニケーション事典』(pp.63-64) 春風社.

丸山真純 (2006)「異文化コミュニケーション：自己観からのアプローチ」〈橋本満弘・畠山均・丸山真純〉『教養としてのコミュニケーション』第3章 (pp.88-147) 北樹出版.

宮原哲 (2006)『入門　コミュニケーション論』新版　松柏社.

リッチモンド,V.P.・マクロスキー,J.C.〈山下耕二 訳〉(2003＝2006)「外見的特徴」V.P.リッチモンド・J.C.マクロスキー〈山下耕二 編訳〉『非言語行動の心理学』第2章 (pp.15-49) 北大路書房.

9 │敬語のコミュニケーション

滝浦真人

《学習のポイント》
・敬語の基本的な機能をどう理解すればよいか考える
・日本語敬語の種類と各々の機能について整理し理解する
・話し手は敬語の（不）使用によって何を伝達しているか考える
・敬語によるウチ／ソトの線引きがどのようになされるかを整理する

1. 敬語が表すもの

　コミュニケーションにおいて敬語はよく目立つ。なぜなら，敬語は，文が伝える意味内容はそのままで，人間関係に関する情報だけを表すためにわざわざ置かれているからである。言い換えれば，そこにある言葉は，実は"はだかの"意味の上に話し手が認識する人間関係の像という"着物"をまとった姿だということになる。日本語や韓国・朝鮮語のような大きな敬語体系を持った言語は，この"着物"が目立つ言語ということができる。一方，ヨーロッパの多くの言語などで，「あなた」を指す2人称単数代名詞のところに親称／敬称という2系列を持つものがある（フランス語の tu / vous，ドイツ語の du / Sie など）。敬語体系と呼ぶには小さいが，敬称は敬語であり，この場合ならいわば"帽子"が目印になって，話し手が聞き手との関係をどう捉えているかが表されるような具合となる。
　では，敬語が表す人間関係の情報とは何だろうか？　一般にそれは「敬

意」といった言葉で理解されているだろう。敬意は"尊敬の気持ち"ぐらいに言い換えられるだろうが，現実に用いられる敬語のニュアンスとどの程度合致するかと考えてみると，実は心もとない。敬語の教科書には，敬語が表す多様な意味として例えば次のものが挙げられている。

> あがめ，尊重，へだて，あらたまり，威厳，品位，皮肉，軽蔑，親愛　　　　　　　　　　　　　　　　　　　　（大石，1975）

このうち親愛はいわば錯覚によってそうしたニュアンスが感じられるものなので除外しておくが（後述する），「あがめ」「尊重」「あらたまり」ぐらいまではいいとして，「威厳」「品位」はどちら側が上なのかわからない感覚があるし，「へだて」と敬意では全然方向が違う。「皮肉」や「軽蔑」は敬意を反転させたものと無理やり説明できなくもないが，少なくとも敬意とは正反対である。しかし実際，次のような例は，敬語の用法としてそう特殊なものではない。

(1)
a「本日ここに，多数のご来賓のご臨席を賜り本年度の卒業式を盛大に挙行できますことを，衷心より感謝申し上げる次第であります。」
b「ちっとも存じませんの。ほんとに，今日そういうことを伺わなければ，何時までも皆さんにお迷惑をかけるところでしたわね。」（岸田國士）

(2)
a「はいはい，わかりました。どうぞご勝手になさいませ。」
b「どれ，じゃあ，ご高説を拝聴するとしようか。」

(1a)は，式辞などでよくある大仰な調子の敬語で，「威厳」や「あらたまり」の例といえるだろう。(1b)は，少し昔の山の手の"奥様言葉"を典型とするような，相手によらず言葉が全般的に敬語ベースになる使い方で，自己の「品位」に対する意識の表れと見ることができる。(2)は「敬意」から遠い例で，(2a)は普段は敬語など使わない夫婦のような間柄で，口喧嘩の捨て台詞などに用いられる敬語である。今は呆れて構っていられないという疎外的な感覚が強く表れている。「へだて」の一種と見ることができよう。(2b)は「皮肉」的な敬語だが，まともに取り合うに値するかどうかという冷ややかな距離感がある。

敬避的遠ざけ
　こうした多様な敬語の意味がどのように説明できるかを考えたいのだが，敬語の起源とも関連する点において，文化人類学や言語人類学的な知見が参考になる。世界には，共同体のメンバーがあらかじめ，互いに避けなければならない「忌避関係」と積極的な交わりが奨励される「冗談関係」という2つのグループに分けられている社会があり，オーストラリアのアボリジニ（先住民）などで，忌避関係の相手（夫から見た義母や，父と息子の関係など）において「敬遠体（avoidance style）」や「義母語（mother-in-law language）」という特殊な言葉が用いられるところがある。そして，それらの言葉づかいと敬語の間に類似性のあることが指摘されている（Shibatani, 2006）。例えば次のような点である。

　　日常語とは異なる特殊な動詞形が用いられる
　　人物の動作をその場所で起こった出来事かのように表現する
　　2人称単数の相手を指すのに複数形を用いる

特殊な動詞形というのは敬語動詞も同じである。例えば日本語の敬語では「行く／来る／いる」に当たる動作が「いらっしゃる」という敬語動詞で表される。動作を出来事のように表現する方法もそうで，例えば，

(3)　「ご子息に<u>おかれましては</u>この度めでたく<u>御結婚になる</u>とのこと，まことにおめでとう存じます。」

のような格式張った敬語では，主語の動作を「が」の代わりに「におかれましては」で表し，「結婚する」という動作は「御結婚になる」という尊敬語で表現されている。見て明らかなように，「におかれましては」は場所表現であり，「…になる」は出来事表現である。3 つめの特徴は，日本語の敬語よりも，上で触れた 2 人称単数代名詞の敬称が好例となる。フランス語の'vous'が典型だがこれは複数形からの転用である（実は英語の'you'も同じで，英語は本来の親称が廃れてしまった）。

　ポライトネスの説明で「敬避的」という言い方をしたが，「敬遠体」とはまさに敬避的な言葉づかいで，それと平行的な敬語もまた敬避的なポライトネスの表現手段と見ることができる。上のものをはじめ，敬語は直接の指示を避け受身や迂言法を用いて表現を間接化する。対象に極力触れないようにするためである。そうして，敬語の意味の核を，

　　対象人物を敬避的に遠ざけること

と置いて，対人関係における心理的・社会的な距離を表現すると考えると，先のすべての例が矛盾なく説明できる。

　核となる意味をどのような社会や文脈において用いられるかによって，"恭しく"遠ざけるのか"肩肘張って"遠ざけるのか"ぞんざいに"遠ざけるのかといったニュアンスが決まる。例えば上下（タテ）の秩序

が優位の社会であれば敬語は上位者の印（ウエ待遇）となり，親疎（ヨコ）の秩序が優位の社会であれば疎の人物の印（ソト待遇）となる。タテを倒せばヨコになるというだけで，敬語がしていることの仕組み自体は同じである（以後，両方合わせて「対象者をウエ・ソト待遇する」のようにいうことにする）。戦前までの日本と戦後の日本の違いもおおむねこう捉えられる。また，ヨーロッパの言語などの2人称単数代名詞における親称／敬称の区別は親疎（ヨコ）の関係を区別する働きである。

　敬語についての説明で，敬語はあくまで上下を基本義とすると強調するものがあるが，社会の中に上下の秩序が存在する（優勢だ）ということと，敬語が言語の意味論的に何を表しているかということは別の問題である。また，「敬意」のような"気持ち"の問題も説明原理としては意味が乏しい。気持ちとふるまいは別の問題であり，敬語は言葉によるふるまいだと考えた方が様々な使い方を無理なく説明できる。

2．敬語の分類と働き

　敬語の基本的な働きがわかったところで，本節では，日本語の敬語体系に目を転じる。「尊敬語／謙譲語／丁寧語」といった敬語の分類が何の分類なのかを明確にし，その結果どのような敬語のコミュニケーション・モデルが考えられるかを説明していきたい。

　多くの読者にとって敬語の種類は3つで，それは上の「尊敬語／謙譲語／丁寧語」だろう。ではこの3種類の違いは何だろうか？　学校の国語の時間に習った記憶は，だいたい，

　　　尊敬語：　相手を持ち上げる
　　　謙譲語：　自分がへりくだる
　　　丁寧語：　全般的に改まる

という区別ではないだろうか。だが，これをそれぞれの種類の説明だと言うならば，この説明には重大な問題があることになる。「自分」はいいとして，「相手」とは誰のことだろう？　まず思い描くのは話し相手つまり「聞き手」だろう。たしかに，聞き手の動作や話し手から聞き手への動作について，「先日おっしゃったこと」や「昨日申し上げたこと」などと言うことはある。しかし，「先日おっしゃった」のも「昨日申し上げた」のも，その場にいない第三者，例えば「社長」であることも十分にあり得る。その場合「相手」とは聞き手だろうか？　社長だろうか？　仮に「社長」だとしよう。それですむだろうか？　「おっしゃった」では社長は発言の主だが，「申し上げた」では発言の主は話し手で，社長はその聞き手である。「相手」という捉え方はこうした相違を区別することができず，簡単にいえば，説明の役に立たない。

　そうした相違は，言及されている動作における"役割"の違いなのではないか？　そう思って見直すと，一転，敬語のきれいな体系が見えてくる。「おっしゃった」では動作の主体（文法的には主語），「申し上げた」では動作の客体（文法的には目的語）が，敬語が向いてゆく対象者であり，敬語の種類としては，「おっしゃる」は「尊敬語」，「申し上げる」は「謙譲語」である。では「丁寧語」はどうだろう？　「です・ます」など，たしかに全般的な改まりと言って言えないことはないが，それが向いてゆく対象者を考えるとしたら，それは「聞き手」である。これでよければ，敬語の種類の違いは敬語が向いてゆく対象者の違いということになる。

　しかし，一つ問題がある。「謙譲語」の中に，動作の客体（目的語）となる人物が存在しない語があることで，「存じません」「（～に）おります」といった語では上の説明が成り立たない。これらを同じ「謙譲語」のグループに入れておくかぎりは，上の明快な説明はできない。そこで，

こうした語群を別の種類として分離して，敬語の種類を4つにしてはどうか？という考えが出てくることになる。2007年に文化審議会の答申「敬語の指針」が採用した考えがこれである。謙譲語から分けるグループを「丁重語」ないし「謙譲語2」と呼んで，客体がいる「謙譲語（1）」と区別する内容となっている（この分類の考え方自体は新しいものではなく，すでに明治時代に現れている）。この答申によって，敬語の種類は4分類（に「おビール」「お紅茶」といった全般的丁寧さの「美化語」を加えた5分類）が公式のものとなった。代表的な語形・用例とともに，表9-1にまとめよう（美化語は外す）。分離された「丁重語」だけは，主体がへりくだることになるので，表中では「主体の謙遜」とした。各類型の名称に「尊敬」や「謙譲」などの言葉が入っているが，ここでは単に区別のための名称であると割り切っていただきたい。

　説明がてら，よく"敬語の乱れ"の例として引き合いに出される「お持ちになる」と「お持ちする」に触れておこう。下の例ではどちらも主語を明示してあるので誤解の余地はないが，日本語では敬語によって主語の違いが暗示的に示されるため，しばしば主語が明示されない。店で

表9-1　敬語の機能と形

名称	機能	代表的な語形と例
「尊敬語」	主体敬語	「お／御…になる」「〜（ら）れる」「おっしゃる」「召し上がる」 ここでお休みになってください。 御自分でお持ちになりますか？
「謙譲語」	客体敬語	「お／御……する」「さし上げる」 お客様を御案内してください。 書類はあとで私がお持ちします。
「丁寧語」	聞き手敬語	「です」「ます」「ございます」 お席はこちらでございます。
「丁重語」	主体の謙遜	「参る」「申す」「致す」「存ずる」 すみません，存じませんでした。

店員さんが「お持ちしますか？」と言うので，持って行ってくれるのだろうと思っていたら怪訝な顔でこちらを見ている。おかしいと思ったら，店員さんは「お持ちになりますか？」のつもりで言っていたのだった，という話が，新聞の投書欄などに繰り返し掲載される。「お持ちする」は客体尊敬なので，客である私が客体，ということは主体は店員，一方，「お持ちになる」は主体尊敬なので，客である私が主体，ということについての誤解の例である。

　話を元に戻し，以上からわかることは，日本語の敬語は，敬語の対象者に応じて種類が分かれており，その全体を捉えるには，話し手と聞き手に加えて，そこで話題に上る話の動作の主体と客体という四者からなるモデルによって説明できるということである。ではその日本語敬語のコミュニケーション・モデルを図9-1に示そう。

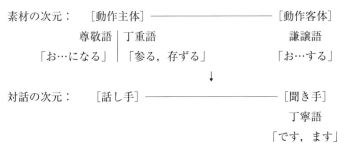

図9-1　敬語のコミュニケーション・モデル

「対話の次元」「素材の次元」には少し戸惑うかもしれない。これは，わたしとあなたが話しているという直接的な関係の次元と，そこで話される話題という間接的な関係の次元は異なるという捉え方の反映である。そのように次元を分けることによって，わたしがあなたに話をするという関係が，話に出てくる人物をどう待遇するかによって変わり得る

という，敬語使用の動的な側面を捉えることができる（詳しくは第3節で見る）。先にも触れたように，現実には動作の主体が話し手と同一人物であるとか，客体が聞き手と同一人物であるといったケースは多い。が，モデルとしてはこの四者を分けておかないと，先の「相手とは誰か？」と同じ隘路に入ってしまう。なお，図の中で「丁重語」を「話し手」自身のへりくだりとすれば，図はさらに明快になるように見える。しかしこれも，へりくだりは話し手自身だけでなく，

(4)　「もうすぐ母が車で参りますので，ここで失礼します。」

のように，話し手から見て身内の（ウチ的な）人物であれば当てはまるため，対象者は動作主体としなければならない。

3．敬語の描く人間関係像

　かくして敬語のコミュニケーションは，話し手が把握する人間関係に応じて，動作の主体や客体，聞き手といった対象をウエ・ソト待遇しながら進行することになる。前節では敬語体系を構成する要素とその働きを概観したが，実はもう一つ，それらの使い方に関わる原則があって，そこまでそろってはじめてコミュニケーションの全体を捉えることができる。

　日本語敬語の使用原則とは，

　　（「話し手」ではなく）「聞き手」の位置に視点を置く

というもので，具体的にいえば，

　　聞き手から見ても敬避的に待遇すべき（聞き手よりウエ・ソト）

と判断される人物について敬語を用いるということになる。逆にいえば，

聞き手から見て特にウエ・ソト待遇するに値しない人物については敬語を用いない。そのことは実はよく知られていて，よその人と話すとき身内を敬語で表してはならないという原則がそれである。

(5) 身内敬語の抑制
 a 「父もそう申しておりました。」（尊敬語ではなく丁重語使用）
 b 「# 父もそうおっしゃっておりました[1]。」

など，すぐに思いつくだろう。ちなみに，韓国・朝鮮語では敬語の視点を「話し手」自身の位置に置く傾きが強いため，かしこまって話すときほど(5b)のような敬語の使い方になる（「父」も「お父様」になる）。敬語については，こうした形と機能を押さえ，使用原則を把握することが重要でありかつ理解の早道である。

　聞き手に視点を置く敬語のこうした使用原則を「相対敬語性」と呼ぶ（韓国・朝鮮語のような話し手に視点を置く方式は「絶対敬語性」という）。相対敬語性が上のような"身内敬語"の抑制として機能することはたしかだが，それだけというわけではない。敬語の使用は聞き手から見てのウエ・ソト待遇という意味合いを持つが，それを判断するのは実は話し手だから，話題として登場する第三者と聞き手と話し手を含んだ人間関係全体の像を描くのは話し手である。前章で人間関係の「ウチ／ソト」について見たが，人は，大きな意味でのウチ／ソトのグループに分けた上で，会話の中ではさらに微細なウチ／ソトの線引きをしている。そしてそれは，日本語における敬語のコミュニケーションの重要な働きの一つである。具体的な例を見ながら，最後にそのことを考えよう。

---

1) #の記号は，「当該の文脈では不適切」という意味で用いる。

敬語によるウチ／ソトの線引き

　初めの方で，「親愛」を表すといわれる敬語の用法について，ある錯覚が原因であると述べた（p.129）。例えば次のような用法が「親愛」の例としてよく挙げられる。

　(6)　「あなたも<u>いらっしゃる</u>？」

昔の女学生言葉を思わせる言葉づかいで，学友同士のような親しい関係にもかかわらず「いらっしゃる」と敬語が使われている。しかし全体に改まったニュアンスはなく，むしろ親しげな印象があることから，そう扱われてきた。だがその印象は，実は次との差異から生じるものである。

　(6')　「あなたも<u>いらっしゃい　ます</u>（か）？」

この場合，動作主体と聞き手は同一人物だから，尊敬語と丁寧語を両方使うのがいわば標準的な選択といえる。(6)は，そこから眼前の「聞き手」に対するウエ・ソト待遇だけを外し，「動作主体」だけを敬語で待遇するという選択をした結果である。聞き手も敬語待遇すれば距離感は大きくなり，全体にかしこまった印象となるところが，聞き手のことは敬避的に待遇しないという選択をすることで，その差の分だけ親しげな印象が作り出される。つまり，敬語を使うことではなく，使わないことによって生じるニュアンスだということである。これが「錯覚」の正体である（滝浦，2009，4章）。

　もう少し普通の敬語を見てみよう。何の気なしに使っていても，実は微細な距離感の操作を私たちはしている。

　(7)　「お客様は社長が<u>お送りされる</u>そうです。」

この敬語は，誰に対するどんな距離感を表しているだろうか？　「お送

りされる」という語形は先の表9-1にはない。これは実は謙譲語「お送りする」と尊敬語「〜れる」が足し合わさった形である。したがってこの敬語は，「送る」という動作の客体である（"送られる"）「お客様」と動作の主体である（"送る"）「社長」の両方を同時にウエ・ソト待遇していることになる。聞き手は社内の人と推測されるから，この両人は聞き手から見ても敬語で待遇されて然るべきといえる。ではこの(7)はこうした場面で最もよく使われる表現だろうか？　おそらくそうではない。「お送りされる」という形自体，あまり馴染みがないという人も少なくないだろう。

　より普通に使われそうな形は何だろうか。それは，

(7')　「お客様は社長がお送りするそうです。」
(7")　「お客様は社長がお送りになるそうです。」

といった表現だろう。(7')は謙譲語「お送りする」だから客人だけを敬語待遇し，(7")は尊敬語「お送りになる」だから社長だけを敬語待遇している。一方だけを敬語待遇するのは，敬語待遇されないもう１人に対して失礼ではないか？との疑問も浮かぶかもしれない。しかしこれは，話し手がどういう範囲の中でのどういう人間関係を思い描いているかの違いである。謙譲語だけを使う(7')は，"わが社 対 お客様"という関係で捉えたときの像を表す。この関係の中では「社長」もわが社の一員にすぎないから，尊敬語待遇する対象ではなくなる。一方，尊敬語を社長にだけ使う(7")は客人に対して失礼かに見える。しかしこれは，客人の見送りは当然の前提とした上で，それを社内の誰がするか？ということを焦点にしているにすぎない。ここでは"社員一般 対 役員"といった関係で捉えられた「社長」が敬語で待遇されていると見ることができ

る。このように，"適切な敬語"は一義的に決まるものではなく，その表現によって描かれる人間関係像が話し手の意図に合致しているか否かで決まる。

敬語の視点

　「自敬敬語」という言葉を聞いたことがあるだろうか？　天皇などきわめて身分の高い人が自分自身の言動を敬語で表現するもので，万葉集などに例がある。これが何であるかについては諸説あるのだが，ここでは立ち入らず，上で述べてきた道具だけで合理的な説明が可能であることを見ておきたい。鍵は，聞き手に視点を置くという使用原則である。天皇はいつも自分が最上位であり，天皇の言葉を聞いたり読んだりする人は誰であっても天皇より身分が下となる。その関係に視点の原則を適用すると，天皇はあらゆる聞き手（読み手）から尊敬語で待遇されて然るべき対象だということになり，それを実行したのが自敬敬語なのだという説明である。この解釈は，時枝誠記や三上章といった先見的な敬語論を展開した学者によって提出された。

　とはいえ自敬敬語など遠い昔の時代のもので，現代の私たちとはもはや関係がないと思うかもしれない。そうではない，という例が次である。

　(8)　「ただいま。パパのお帰りだよ。」

このように言って帰宅するパパはいるはずだが，「お帰りだ」という表現はれっきとした尊敬語であり（「パパ」という呼称も），つまりこれは，現代における自敬敬語ということができる。「パパ」にも表れているように，この表現の視点は「子ども」にある。子どもを聞き手として想定した場合，「パパ」は上位者として敬語待遇に値する，という判断（「パパ，お帰りなさい」）を話し手が先取りして言ってしまうのが(8)である。

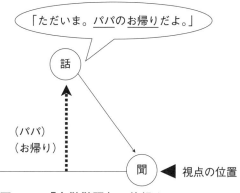

図9-2 「自敬敬語」の仕組み

視点と表現の関係を図9-2に示す。聞き手に視点を置くということの意味が実感を伴ってくるだろう。

この(8)がそうであるように，聞き手からの"見え"を先取り的に表現してしまうのは実は話し手の特権である。聞き手もそう望んでいるかどうかはわからないので，話し手の見立てと聞き手の感覚にずれが生じる場合も出てくる。話し手の敬語に聞き手が違和感を抱くケースである。

(9) 「? 大学の先輩で今度御結婚になる方がいらっしゃるんだけど。[2]」

敬語好きの人，といえばそうだが，聞き手はこの敬語を心地よく思わない可能性がある。なぜなら，この語り方からして，話し手の大学の先輩という人を聞き手は知らない。しかしその人物は「御結婚になる」と明確な尊敬語で待遇されている。話し手が先輩を慕うのは自由だが，敬語の使用は聞き手に置かれた視点が基準になるのだとすると，この先輩は聞き手から見ても敬語待遇するに値する人物として話し手が判断していることになる。つまり，聞き手はいつのまにか，話し手の先輩を話し手とともに"尊敬させられて"いるのである。自分の知り合いのことを人

---

2) 記号「?」は，「文法的に誤りではないが文脈上やや不自然」という意味で用いる。

に話すとき，敬語を使う／使わないで迷うことがよくあるが，実は"敬意の強制"とでも言い得るこうした問題が絡んでいる。

　コミュニケーションは会話として行われるもので，一文で終わるものではない。そして私たちはしばしば，一つの会話の中で同じ人物のことを，敬語で待遇したり非敬語で待遇したりと，異なった扱いを混ぜて使っている。例えば，社内の各部署から人が集まって会議をしている場で，ある課から出ている社員が次のように言うとする。

　(10 a)　「はい，課長もそう<u>申しており</u>ます。」

このとき，話し手の上司である「課長」は，"うちの課 対 よその課"という関係の中でウチ扱いされ，「申す」というへりくだりの「丁重語」が用いられている。上の原則どおりである。

　ところが，この話し手は，上の発言から1分も経たないうちに，次のように言うこともできる。

　(10 b)　「いや実は，課長は本当は違う考えを<u>お持ち</u>のようなんです。」

ついさっきへりくだらせた課長を今度は尊敬語で待遇する。矛盾ではないかというとそうではなく，話し手の描く人間関係像が異なっているのである。(10 b)では「課長」だけが敬語待遇される。それをこの場の皆が聞いている。このときウエ・ソト待遇された課長は，文字どおり場の"ソト"に押し出されている。この働きを敬語による"疎外"であるといっても言い過ぎではないだろう。公式見解的な(10 a)の"建前"に対して(10 b)では"本音"が顔を覗かせる。(10 a)(10 b)が表している人間関係を図9-3，4に示しておく。

　誰かに敬語を使うとは，別の誰かに敬語を使わないことでもある。具体例で見てきたように，敬語によって生じる距離感は，敬語が使われな

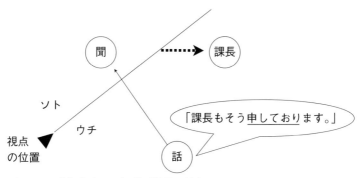

図 9-3 "身内を下げる"敬語の仕組み

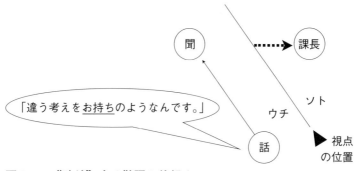

図 9-4 "疎外"する敬語の仕組み

い人との距離の差から生じていることがわかるだろう。「親愛」の敬語がそうだったように，ある人物を敬語待遇しないことでその人を"仲間"に引き入れるような効果が発揮される。

　私たちは敬語を使いながら，会話の中でこうした細かなウチ／ソトの"出し入れ"をしている。そのようなわけで，敬語のコミュニケーションは非敬語のコミュニケーションと表裏一体なのである。

引用文献

Shibatani, M.（2006）Honorifics. In： Keith Brown（ed.）, *Encyclopedia of Language and Linguistics* 5. Amsterdam： Elselvier： 381-390.
滝浦真人（2009）『山田孝雄　共同体の国学の夢』講談社.
大石初太郎（1975）『敬語』筑摩書房.

参考文献

滝浦真人（2005）『日本の敬語論　ポライトネス理論からの再検討』大修館書店.
滝浦真人（2008）『ポライトネス入門』研究社.

10 | スピーチのコミュニケーション

大橋理枝

《学習のポイント》
・対人コミュニケーションとスピーチのコミュニケーションとの違いを理解する
・スピーチの構造について把握する
・レトリック戦略について把握する
・高コンテクスト・コミュニケーションと低コンテクスト・コミュニケーションについて理解する
・日本で多く使われるレトリックについて考える

1. 対人コミュニケーションとの違い

これまでの章では、人と人とが一対一で話す場合を念頭に置きながら、対人距離を調整する日本語のコミュニケーションをみてきた。しかしながら、もちろん人は常に一人の相手とコミュニケーションをするわけではない。場合によっては大勢の相手に対して自分の思うところを述べる場合もある。

通常、コミュニケーション学の分野では、一人の話し手が大勢の聞き手に対して行うコミュニケーションのことを「レトリカル・コミュニケーション」という。この場合の「レトリック」というのは、「言語によって、話し手・送り手がメッセージ（考え・感情等）を聴き手・受け手に効果的に伝えるための技法」（石井・久米, 2013, p.245）であると定義され、典型的なレトリカル・コミュニケーションとは「話し手があ

る特定の場で比較的多数の聞き手に向かって、態度変容を図る目的のために準備された連続的なメッセージを一方向的に与える形態」(岡部, 1996, p.166)であるとされる。しかしながら、この定義にもみられるとおり、「レトリカル・コミュニケーション」には聞き手を説得するためのコミュニケーションという含意があるので、ここでは必ずしも相手を説得する意図を含まないものも含めて考えるために、あえて「スピーチのコミュニケーション」として考えていく。

これまでみてきた対人コミュニケーションとスピーチのコミュニケーションとの間には、(1)話し手と聞き手の数、(2)話し手の意図の有無、(3)話し手と聞き手の役割交代、(4)行われる場所と物理的対人距離、(5)言語メッセージへの依存度と非言語メッセージの使い方、などにおいて、幾つか大きな違いがある。この違いを検討することで、これまでみてきた対人コミュニケーションの特徴が逆に浮き彫りになるともいえる。

話し手と聞き手の数

第1章でも述べたとおり、対人コミュニケーションの最も典型的な状況として想定されているのは、一人の人が一人の相手と行うコミュニケーションである。一方、スピーチのコミュニケーションは「一人の話し手が多数の聞き手に対してメッセージを送信するコミュニケーション形態」ということができる。したがって話し手と聞き手の数という点が、対人コミュニケーションとスピーチのコミュニケーションの最初の相違点となる。

話し手の意図の有無

第1章で、コミュニケーションが成立するためには話し手の意図は前提とされず、話し手にメッセージを送信する意図がなくても聞き手が

メッセージを受け取ってしまったらそこでコミュニケーションは成立すると述べた。しかしながら，スピーチのコミュニケーションでは，そもそも相手に何かを伝えるためにスピーチを行うという点において，通常の対人コミュニケーションに比べて話し手に意図があることが明確である。一方，スピーチのコミュニケーションの場でも，対人コミュニケーションの場と同様，話し手が意図したものだけがメッセージとして伝わるわけではない。話し手が気づかないうちに，声の質や話す速度などから聞き手は多くのメッセージを受信することになる。このような無意図的コミュニケーションは非言語メッセージによるところが大きい。即ち，スピーチのコミュニケーションでは，言語メッセージは意図的に送信されるが，非言語メッセージには意図的に送信されるものと無意図的に送信されるものとがあると考えるのが適切であろう。

話し手と聞き手の役割交代

　通常の対人コミュニケーションとして，例えば次のような会話があり得る。

　　A：この間言ってた○○さあ，
　　B：ああ，あの映画。見に行った？
　　A：うん！めっちゃ面白かった！
　　B：そうでしょ？そうでしょ？あの映画の△△，超カッコ良くなかった？

　このような会話の特徴の一つとして，話し手と聞き手の役割が頻繁に交代するということが挙げられる。BはAが話し始めたところに割って入ることで聞き手から話し手に役割が変更しているし，最初話し始めた

AはBが話し始めた途端に自分の発話を中断させて、話し手から聞き手に役割が変わっている。そして今後もまた次々と話し手と聞き手が入れ替わりながら会話が続いていくのが通常の対人コミュニケーションの姿であろう。一方、スピーチのコミュニケーションの場合は、基本的に話し手が話し終わるまで話し手は話し手のままであり、聞き手は聞き手のままである。聞き手が話を聞きながらうなずいたりなどして「調節」の機能を持つ非言語コミュニケーションを行う場合もあるが、話し手がそのようなメッセージを受信してもそこで話し手と聞き手の役割交代が行われるわけではなく、話し手はあくまでも準備したメッセージを送信し終えるまでは話し手の役割を担い続ける。したがって対人コミュニケーションでは話し手と聞き手の役割交代が頻繁に起こるのに対し、スピーチのコミュニケーションでは話し手と聞き手の役割交代のタイミングが決まっているという相違点がある[1]。

また、話し手と聞き手の役割が決まっているということは、メッセージの始まりと終わりとが明確に規定されるということでもある（実際には話し手が話し始める前にも、話し手が聞き手の前に現れた時点から様々な非言語メッセージは送信されているのだが、それでも話し手が聞き手の前にいつ現れたかということは明白である可能性が高いため、コミュニケーションの開始時が特定しやすい）。それに対し、対人コミュニケーションの場合は、言葉を交わす前からコミュニケーションが始まっている上、相手の存在を最初に認識した瞬間を特定することが難しいため、メッセージの始まりが明確に規定できないという特徴がある。

行われる場所と物理的対人距離

通常の対人コミュニケーションが行われる場所は、最も典型的には私的な場であろう。多少発展した形を考えるのであれば、職場での対人コ

---

[1] 話し手が自分のスピーチの途中で質問を受け付ける場合は、話し手が聞き手からの質問を受けた時点で話し手と聞き手の役割が交代する。しかしそれでも通常の対人コミュニケーションの状況ほど頻繁な役割交代ではない。

ミュニケーションや，公共スペースでの対人コミュニケーションというものも十分想定できるが，いずれにしてもそのコミュニケーションが行われる目的のために公的に設定された場所ではない。それに対し，スピーチのコミュニケーションは，特定の教室や講演会場など，その目的のために公的に設定された場所で行われる。逆にいうと，そのような場ではないところでスピーチのコミュニケーションを行おうとすると，多くの場合周囲から白眼視されてしまう。

第3章でも見たとおり，通常の対人コミュニケーションは密接距離から社会的距離までの間の物理的対人距離の範囲内で行われる。それに対し，スピーチのコミュニケーションは公的距離の範囲で行われる場合がほとんどであろう。

言語メッセージへの依存度と非言語メッセージの使い方

第1章や第3章で述べたとおり，通常の対人コミュニケーションでは言語メッセージだけではなく非言語メッセージも多用される。場合によっては言語メッセージで語られないところに非常に多くの意図が込められている場合もある（第3章で見たように沈黙がメッセージになる場合など）。一方，スピーチのコミュニケーションでは対人コミュニケーションに比べて言語メッセージに依存する度合いが高い。例えば対人コミュニケーションであれば視線の動かし方でメッセージを伝えることができても，スピーチのコミュニケーションが行われるような物理的対人距離では視線の動きが見えない可能性があり，そのような非言語メッセージは利用できないのである。逆に，置換や反復，そして強調の機能を持つものであれば，非言語メッセージであってもスピーチのコミュニケーションの中で利用できると思われる。（但し，それぞれのメッセージは遠くからでも見えたり聞こえたりするようなものでなければならな

いだろう。)

　それでも，話し手が意図しない非言語メッセージの送信は常に行われている。話し手が意図的に行う身体動作とともに，服装，姿勢，声の大きさ，話す速度など他の非言語コミュニケーションを通して意図しないメッセージが伝わってしまっている可能性は十分にある。この点は通常の対人コミュニケーションと同じであると言ってよいだろう。

2．スピーチの構成要素

　スピーチのコミュニケーションの中で用いられる言語メッセージ，即ち言語的に語られる内容のことを「テクスト」と呼ぶ。この先は主にスピーチのコミュニケーションの中で使われるテクストに焦点を絞って論じたい。奥田（2009）は，スピーチの構成要素として，次の要素があると述べている。

1．目的：何を成し遂げるためのスピーチなのか
2．話し手のペルソナ：スピーチを行う人の社会的立場
　　「専門家」「政治家」など
3．聴き手：誰が聴くことを想定して行われたスピーチなのか
4．論調：話し方に表れる話し手の態度
　　くだけた話し方か専門的な話し方か，聴き手に対して上から目線か仲間目線か，など
5．構造：どのように本論部分を構成するか
　　時系列順，テーマ別，原因−結果などの論理的必然重視，物語重視，など
6．裏づけ：話し手の主張の論拠をどのように提示するか
　　例証（個人的な体験や証言などを論拠とする），統計（数量的

な計測結果を論拠とする），権威（専門家や知識人の意見や言及の引用を論拠とする），類似（別のものとの共通点の指摘を論拠とする），など
7．レトリック戦略：内容を最も効果的に伝えるための方法
言語（最大限の効果を上げるための言葉を選択する），訴求（聴衆の欲望や価値観に沿ったアピールを行う），レトリック技法（自論を効果的に伝えるための技法を用いる），など

これらの諸側面はスピーチを分析する際の観点になるのだが，ここで私たちが注目したいのはスピーチの内容を最も効果的に伝えるためにどのような言語コミュニケーションが行われるかという点である。この点について，次節で詳しく検討する。

3．レトリック戦略

　上記で示したスピーチの要素の中で，言語コミュニケーションに直結するのが7番目に挙げた「レトリック戦略」である。そこでその内容を奥田（2009）に従って具体的に見てみよう。
　レトリック戦略の中で最初に挙げられる「言語」（language）とは，スピーチの内容を効果的に伝えるために使える様々な方法を指す。具体的には次のような方法がある。

　　叙述…物事の有様や状況を客観的に説明する
　　　　　「少子高齢化は現代日本社会の大きな問題です。」など
　　描写…物事の有様や状況を生き生きと描出する
　　　　　「隣の家では，おじいさんとおばあさんが，交代で雪かきをされているのですが，他の家が終わったあとでも，なかなか雪が

減る様子が見られないのです。」など
押韻…韻を踏んで調子の良いキャッチフレーズを作る
　「少子化とは総子化である[2]。」など
声喩法…擬声語・擬態語を用いて描写する
　「溶けた雪でベチャベチャになりながら，ガガガッとアスファルトを摺ってスコップで雪かきをしていました。」など
レッテル貼り…名づけることで対象の性質を単純化して伝える
　小泉純一郎氏が首相時代に自分が進める改革に反対する立場を「抵抗勢力」と称したことなど[3]
イデオグラフ…インパクトのある覚えやすいスローガンを作る
　中曽根内閣の「増税なき財政再建」，小泉内閣の「聖域なき構造改革」，オバマ大統領の選挙キャンペーン時の"Change we can believe in"など（鈴木，2010）

　レトリック戦略の中で次に挙げられる「訴求」(appeals)とは，聴衆の欲望や価値観に沿ったアピールを行うことである。これも以下で具体的にみてみよう。

列挙…例を次々に挙げる
　「第二次世界大戦時に，ガダルカナル，ミッドウェイ，硫黄島，そして沖縄で，国のために命を落とされた方々」など
実演…話し手自身が自分が述べている論の論証となる
　「自らが経験した母の介護の大変さから，医療・介護・福祉の

2）http://www.fukapar.jp/2013/01/14/%E5%B0%91%E5%AD%90%E9%AB%98%E9%BD%A2%E5%8C%96-%E3%81%AF-%E7%B7%8F%E5%AD%90%E5%8C%96/（2014年2月16日参照）よりヒントを得て作成。元のレポートは http://www.hakuhodo.co.jp/archives/newsrelease/8060（2014年2月16日参照）に掲載されている。
3）http://www.jiyu.co.jp/GN/cdv/backnumber/200109/topics02/topics02_1.html（2014年2月17日参照）

現行政策の不十分さを痛感しました。」など
頓呼法…その場にいない人物や物に呼びかける
　　弔辞として「先生，さようなら。」など
引喩…有名な格言や過去の人物などを引き合いに出す
　　中坊公平氏を称して「平成の鬼平」など
同一視…聴衆が話し手との一体感を得られるように話し手のイメージを作る
　　「自分も子供を保育園に預けながら政治活動を行う二児の母親です。」など

最後の「レトリック技法」（rhetorical techniques）とは，自論を効果的に伝えるために用いる技法のことである。これも具体的に検討してみよう。

修辞疑問文…聴き手に考えさせるために，答えを要求しない疑問形の文を使う
　　「一体いつになったらこの問題が解決されるのでしょうか？（見込みなど立てられるはずはありません。）」など
論駁…相手の議論の重要性を攻撃したり（「正体の暴露」），相手の議論の誤りを攻撃したり（「否定」），相手の議論を矮小化して（「却下」）異なった意見に対して反論する
　　「その統計は支持者のみを対象にしたものなので，結果が歪んでいるのではないですか？」など
前例踏襲型議論…以前提示された議論に基づいて自論の正当性を主張する
　　「約四百年前，ガリレオ・ガリレイは，天動説の中で地球は動

くという地動説を発表して有罪判決を受けました。そのときガリレオは，それでも地球は動くと言ったそうです。私は，今，国会で，郵政民営化は必要ないという結論を出されましたけれども，もう一度国民に聞いてみたいと思います。本当に郵便局の仕事は国家公務員でなければできないのかと。」（平成 17 年 8 月 8 日　当時の小泉総理大臣による衆議院解散を受けた記者会見[4]）

擬人化…人ではないものを人に見立てる
「現在，日本社会は，新しいエネルギー政策の方向性を打ち出すために，産みの苦しみを経験しています。」など

化身化…比喩などを使って対象の特定の性質を取り立てる
松井秀喜を「ゴジラ」と称して打撃の破壊力を取り立てる，など

対句法…同じ構造の節や句を重ねる
「気をつけて『出しすぎ』『近すぎ』『急ぎすぎ』」など[5]

対照法…同じ構文を使って相反するものを並べることで違いを際立たせる
「聞いて極楽，見て地獄」（清海，2011）[6]

耳慣れない戦略もあると思われるが，それらは即ち日本語文化圏のスピーチではあまり頻繁に使われないものであると考えられる。一方，擬音語・擬態語の使用（声喩法）や比喩の利用（化身化）などは，スピーチに限らず日常生活の中でも利用する言葉の使い方である。これらに関

---

[4] 奥田（2009）p.112 の例による。全文は
http://www.kantei.go.jp/jp/koizumispeech/2005/08/08kaiken.html
（2014 年 2 月 16 日参照）より。

[5] http://www.mainichi.co.jp/event/slogan-kako.html
（2014 年 2 月 16 日参照）平成 23 年　佳作　運転者向け

[6] http://www.surugadai.ac.jp/sogo/media/bulletin/Ronso43/Ronso.43.77.pdf
（2014 年 2 月 16 日参照）

しては後の章で述べる。

4. 日本で使われるレトリック

　岡部（1996）は，日米のレトリックを比較しながら，日本で多用されるレトリックについて述べている。必ずしも実証研究に基づいた論ではないが，経験的な例証に基づく論として，ここで紹介したい。が，そのために必要な前提として，コミュニケーションがコンテクストに依存する程度について先に述べる。

高コンテクスト・コミュニケーションと低コンテクスト・コミュニケーション
　第1章で述べた「コミュニケーションの本質的特徴」の中に，「あらゆるコミュニケーションは必ず何らかのコンテクストの中で行われる」という点があった。その中でも日本は特にコミュニケーションを行う際にコンテクストに依存する度合いが高いといわれる（Hall, 1976　他）。これは即ち，メッセージを送る際に言語を使って自分の考えや感情を記号化する程度が少ないということである。言語を使って記号化するのではなく，メッセージの受け手が，メッセージの送り手が記号化した内容に加えて，双方が認識しているであろうと想定される様々な要素（例えば対人関係や場の状況…即ちコンテクスト）をも加味して，メッセージとして送られた記号を解読してくれることを期待する。第4章で見たように日本のあいさつが「言いさし」の形で定式化したのも，「言いさし」でも相手がわかるからという前提があってのことであろう。また，第5章で見たペンを借りる例でも，「あのう，大変申し訳ないのですが，ペンを忘れてきてしまって…。」までで止めておいたり，独り言のように「あ，しまった！　ペン忘れてきちゃった…。」とだけ言うことで，貸してほしいということを言語記号化しないで伝えようとするのである。

もちろん，記号化の結果と解釈の結果はズレを生じることがあり，記号化した話し手側が聞き手側に読み込んでほしいと思ったコンテクストを聞き手が見逃すことも大いにあり得る。「ペンを忘れてきてしまって…。」と言っても，「それはさぞお困りでしょうな。」と言われておしまい，ということだってあり得なくはない。それでも，メッセージの送り手は受け手が「わかってくれる」ことを期待した形でメッセージを記号化するし，受け手側もメッセージの送り手が言語として記号化した内容以上のことを汲み取ることを期待されていることを知っている。だからこそ「お困りでしょうな。」ではなく「ではこのペンをお使いください。」というような会話の流れが期待されるのである。

　このようにして行われる日本のコミュニケーションを，高コンテクスト・コミュニケーション（コンテクストに依存する度合いが高いコミュニケーション）という。反対に，メッセージの送り手が，受け手は自分が言語を使って記号化した内容以外は理解してくれないだろうと考え，コンテクストへの依存度が低い形でメッセージを記号化するようなコミュニケーションを，低コンテクスト・コミュニケーション（コンテクストへの依存度が低いコミュニケーション）と呼ぶ。このような文化では，きちんとペンを借りたい旨まで言語で記号化することが当然であるとみなされる。「ペンを忘れてきてしまったので，貸して頂けますか？」とはっきり依頼しても，失礼に当たらないとされるのである[7]。

　日本のコミュニケーションが高コンテクスト・コミュニケーションであるという点は，どのようなレトリックが効果的であるかという点にも大いに関わってくる。つまり，一から十まですべて言語で説明すれば良いかというと，必ずしもそうではないということなのである。以下，先に述べたスピーチのテクストの構造の中でこの特徴が表れている側面を岡部（1996）に基づいて幾つか挙げる。

7）日本，韓国，ベトナムなどは高コンテクスト・コミュニケーションの文化であるといわれ，ドイツ，スイス，アメリカなどは低コンテクスト・コミュニケーションの文化であるといわれる（鈴木，2013）。

スピーチの構成

　高コンテクスト・コミュニケーション文化である日本では，スピーチの話し手と聞き手との間に，お互いに状況の把握が共有できている（即ちコンテクストが共有されている）という感覚を形成することが大切であると考えられる。そのため，日本では「聞き手の感情・情緒に訴える感情論証形式を多用しがちである」（岡部，1996，p.179）。これは，理路整然と自分の論を述べ立てて，自分と異なる意見の立場を論破するというような構成よりも，聞き手と話し手との間に理解が得られているように思わせるような言葉づかいをしたり，聞き手の共感を得られるような構成を取ったりすることが多いということである。また，話し手が自分で立てた筋道に沿って聞き手を結論まで導くという形よりも，話し手と聞き手との共同作業として結論を得るという形が好まれる。

　また，結論に至るまでの過程でも，話し手が一段一段論を詰めていく（「線的」な論理構成）のではなく，欠けている部分を聞き手に補ってもらいながら話を進める（「点的」な論理構成）という構成が取られる。これも，コンテクストが共有されていればすべてを言語化して語らなくても相手に理解してもらえるはずである，という前提があってこそ成り立つ形である。

メッセージの言葉づかい

　聞き手の立場を尊重しながら共に結論を得ようとするという日本のレトリックの姿勢は，メッセージの中で使われる言葉づかいにも反映されている。「絶対〜だ」「〜に違いない」などの断定語の使用は避けられる傾向にあり，「多分」「どちらかというと」「かもしれない」などの「ぼかした」言い方が多く使われる。また，人を主語に立て，その主語たる人が何らかの行動を行った，ということを含意する「誰々が何々しまし

た」という表現より，物事を主語に立て，その主語たる物事が事態の成り行きの結果として現在の状態に立ち至ったということを含意する「これこれはこうなりました」という表現が多用されるという（岡部，1996）。

さらに，これまで見てきたような，対人間隔を保つ言葉づかいというものは，スピーチの場でも姿を消すことはない。「同一視」というレトリック戦略が用いられる場合でも，話し手が聞き手と完全に同等な立場に自らを置くことはまずない。あくまでも話し手と聞き手の間には立場の上下差があることを示し続けるのが，基本的な日本語のレトリック戦略であるといえるであろう。

引用文献

石井敏・久米昭元（2013）「異文化コミュニケーションの研究」〈石井敏・久米昭元・長谷川典子・桜木俊行・石黒武人〉『はじめて学ぶ異文化コミュニケーション：多文化共生と平和構築に向けて』第10章（pp.235-255）有斐閣．

岡部朗一（1996）「異文化のレトリック」〈古田暁 監修，石井敏・岡部朗一・久米昭元 著〉『異文化コミュニケーション：新・国際人への条件』改訂版 第8章（pp. 163-183）有斐閣．

奥田博子（2009）「どのようにレトリック批評をするか」〈鈴木健・岡部朗一 編〉『説得コミュニケーション論を学ぶ人のために』第3章（pp.83-121）世界思想社．

清海節子（2011）「日本語のことわざに於ける反義語の性質」『駿河台大学論叢』第43号，77-102
　（http://www.surugadai.ac.jp/sogo/media/bulletin/Ronso43/Ronso.43.77.pdf 2014年2月16日参照）

鈴木志のぶ（2013）「コンテキスト」〈石井敏・久米昭元 編集代表〉『異文化コミュニケーション事典』（pp.12-13）春風社．

鈴木健（2010）『政治レトリックとアメリカ文化：オバマに学ぶ説得コミュニケーション』朝日出版社．

Hall, E. T. (1976) *Beyond culture.* New York: Doubleday.

11 | 比喩とコミュニケーション

| 滝浦真人

《学習のポイント》
・レトリック表現が人間の認知活動の反映と捉えられつつあること
・レトリック表現の代表である比喩の種類と仕組みを整理する
・隠喩，換喩，提喩の各類型について特徴を確認する
・レトリック表現の機能をコミュニケーション論的に捉える

1. レトリック表現と認識

　何かを伝えるのに私たちは，そのままではなく，わざわざ，別のことに置き換えたり，余計なことを付け加えたり，真偽を反対にしたり，わかりにくくしたり，といった操作を加えて表現する。前章の「レトリック戦略」は皆のものである。なぜ人はそんな奇妙なことをするのだろうか。相手がこちらの意図どおり"正確に"受け取ってくれるように言うべきではないのか。否，私たちはしばしば正確さを犠牲にしている。

　例えば，きのうひどい目にあった話を友だちにするとき，

　　（1）「ねえねえ，きのう，何があったと思う？」

と始める語り口がある。まだ話していないのだから"正しい"答えは「わかるわけないよ」だろうが，それでは会話は続かない。それで，「え？何があったの？」と促したり，少し先回りして「さあ，どんなひどい目に（／いいこと）あったって？」ぐらいに返せば，相手は嬉々として身

の上に起きた理不尽なあるいは不幸な出来事を語るだろう。

　この(1)は，相手は知るはずがない，つまり答えられないことを承知の上で尋ねるわけだから，いわばコミュニケーションのルール違反である。しかしなぜそんなことをするかといえば，強い印象をまず相手に与え，あわよくば聞いた後も，大変だったねと共感してほしいという，いうなれば"どうせ話すなら"の話し甲斐・聞き甲斐を求める感覚がある。

　文化によっては（あるいは人によっては），

(2)　「どうせまたケータイをトイレにボットンした（＝携帯電話をトイレに落とした）とかそういう話じゃないの？」

ぐらいに混ぜ返してから「で？」と促すようなスタイルもあるだろう。この場合，問われた側も積極的に"余計なこと"を言うわけで，"どうせなら"の演出を双方協力しながらするような具合になる。

　こうした"どうせなら"のニュアンスを学術用語風に「表現効果」と呼ぶことにしよう。何かを言うとき，意味の伝達とは別に，相手が持つ印象の強さという観点を立てることができる。2つの観点を合わせれば，①意味はわかるが印象が薄い，②意味がわかり印象も強い，③意味がわからず印象も薄い，④意味はわからないが印象が強い，という4つのパターンを取り出せるが，表現効果が弱いとすぐ忘れられてしまう可能性が高くなるから，③はもちろん①も避けて，できれば②を目指したいと思う人が多くなる。④は，意味が伝わらないので歓迎されなさそうだが，意外にそうでもなく，例えば，説明はよくわからなかったが出てくる冗談だけは面白かったといわれる授業があるように，①よりもむしろ好意的に受け取られるように思われる。(1)の代わりに次のように言ったらどうだろう？

(3)　「きのう，ほんと，死ぬかと思った！」

いきなり言われても意味はまったくわからない（し，おそらくは事実でもない）。しかし，死ぬかと思ったと言われたら，「何？　どうしたの？」とつい聞きたくなってしまう。これなど④の例といえるだろう。ひどい目にあった話ではなくて，話を聞いてみたら「笑いすぎて（死ぬかと思った）」ということであるかもしれない。それだと，"とても面白かった"ことの誇張表現ということになるが，しかしそれはそれで，期待と実際の"落差"が印象の強さを生み，表現効果は十分といえる。

レトリックが認識を作る？
　前章で述べたように，スピーチ全体の方略のことも「レトリック」と呼ぶが，用いられる手段の総称のことも「レトリック」という。本章はこの後者を取り上げるが，区別のために「レトリック表現」という言い方を多く用いることにする。上で見たような表現は私たちの生活の中にあり，私たちはレトリック表現の表現効果を最大限利用している。
　20世紀になって，レトリック表現の学問的位置づけに転機が訪れた。その結果，レトリック表現は，単に技巧的で特殊な表現法であるにとどまらず，むしろ私たちが自分やとりまく世界を理解するのに用いている認識の方法に近いものとして再評価されるようになった。例えば，私たちは人の「心」を〈容器〉のようなものとして理解しており，また心の中にある情緒的なものについて〈液体〉のようなものとして理解している。すぐにはピンと来ないかもしれないが，実際私たちはこんな言い方を頻繁にする。

(4)　〈心は容器〉

「心が広い／狭い」「心を開く／閉ざす」
「心を傾ける」「心に抱く」「心に刻む」
「心に残る」「心に染みる」
(5) 〈心の内容物は液体〉
「気持ちを汲む」「愛情を注ぐ」
「感激に胸があふれる」「怒りが湧き上がる」

　取り出して見せられるような「心」の実体がない以上，これらの表現は事実でないということもできる。しかし逆に，あまりに実体がつかめないため，こうして〈容器〉と〈液体〉に置き換えて理解でもしなければ，心の働きを理解することはまったく容易でないことも明らかである。こうした，非常に基本的だが抽象的すぎて説明しにくい概念を表す比喩表現を「概念メタファー」といい（メタファー＝隠喩［後述］），〈容器〉や〈液体〉など理解の型のことを「イメージスキーマ」という。レイコフやジョンソンが『導きのメタファー（*Metaphors we live by*）』という書物などで展開した（森，2012；籾山，2010 も参照）。日ごろ比喩であることすら忘れているそうした概念について，もし概念メタファーなしですべて表現せよと言われたら果たして可能だろうか？　それほどまでに，私たちの生活はレトリック表現抜きでは成り立たない。

2. レトリック表現の王様，比喩

　レトリック表現には多種多様なタイプがあるが，上の概念メタファーからも想像されるように，最も大きいのは「比喩」である。比喩は種類も多く，高校までの学校教育で習う「直喩」と「暗喩」以外にも様々なタイプがある。各々何を捉えどのような仕組みで成り立っているのだろうか。ほかにも，真偽が反対になったりする「皮肉」や静かに雄弁なレ

トリック表現「トートロジー（同語反復）」等々があるが，最後の節で簡単に触れるにとどめ，本章では主に比喩を考察することにする。

　比喩とは何か？と聞かれても，答えはあまり迷わないだろう。何かを別の何かに置き換えて表すことである。問題は，置き換えられるもの（＝比喩のテーマ）と置き換えるもの（＝比喩の意味）の間にどんな関係があるかということで，関係の質に応じて比喩の種類も分類される。

　では実際の例で考えてみてほしい。次のよく知られた3つの言葉はどれも比喩だが，置き換えられるものと置き換えるものの関係が異なっている。どんな関係といえばいいだろうか。

(6)　比喩の種類
　a　「時は金なり」
　b　「ペンは剣よりも強し」
　c　「人はパンのみにて生くるにあらず」

　まず(6 a)は，「時」というテーマについて"時間＝金"だと言っている。「時間はお金のようなものだ」という文から「のようなもの」を取り去ったと考えても理解できる。学校で習う「暗喩」というのがこれで，「ような」「みたいな」といった類比の印（「比喩標識」という）を伴った「直喩（シミリー；simile）」に対して，標識を伴わない同内容の比喩を（レトリック論では通常）「隠喩（メタファー；metaphor）」と呼ぶ。比喩標識からもわかるように，隠喩では，置き換えられるものと置き換えるものの間に"類似性"のあることが述べられる。

　但し，直喩と隠喩が標識の有無だけで異なるかというとそうでもなく，標識を付ければ成り立つが，付けないとそのままでは不自然だったり意味が異なってしまうケースが実は結構多い。

(7) 直喩と隠喩
a 「その刺身は絶品で，まるで極上の鯛のようだった。」
b 「# その刺身は絶品で，極上の鯛だった。1)」

(7a)は，刺身のおいしさを極上の鯛にたとえていることがはっきりわかるが，標識を取って(7b)のようにすると，刺身が「極上の鯛」そのものになってしまい比喩として成立しなくなる。直喩は，標識の力を借りられるため，少々突飛なことでも比喩にできてしまう。しかし，そこから隠喩が作れるかというと，そうでもない。

(8) 直喩と隠喩
a 「ずっと徹夜続きだったので，今日は泥のように寝てた。」
b 「# 今日の眠りは泥だった。」

話を戻し，(6b)の仕組みを考えよう。ここでは「ペン」と「剣」の両方が比喩である。ペンと剣で戦ったら，ペンなどないに等しいほど無力なのに，なぜペンが剣より強いかといえば，「ペン」が"ペンによって生まれる言論"を意味し「剣」が"剣によって遂行される武力"を意味し，武力で抑圧しようとも言論の力を消し去ることはできないという意味が成立するからである。したがって，この場合，〈手段で結果〉を表すという関係が比喩を支えていることになる。この比喩で面白いのは，字義どおりの理解をすれば全然成り立たない事柄が，比喩としての理解に切り替えることで成り立つようになるという点にある。この〈手段で結果〉をさらに一般化すると，両者が何らかの"事実的な"関係によってつながっているということができ，そうして一方から一方がたどって行けるような関係にある場合に，このタイプの比喩「換喩(メトニミー;

---

1) 記号「#」は「当該の文脈では（／この意図の表現としては）不適切」という意味で用いる。

metonymy)」となる（具体例は後で挙げる）。

（6c）も，そのまま受け取るとおかしくなる。パンだけじゃなくてご飯も食べるから，と受け取ると，「パンがなければケーキを食べればいいじゃない」という（真偽の怪しい）マリー・アントワネット風の頓珍漢になってしまう。この「パン」は，パンやご飯やおかずやお菓子…，といった同次元にある様々なメンバーの一つとして選ばれているのではなく，「パンに代表されるような」というところから，その一つ上の次元，つまり"食べ物全般"（さらには"物質的な満足"）という意味で選ばれていると解さなければならない。このような，種で類を表したり類で種を表したりする比喩，つまり，意味的な上下関係にあるカテゴリー名とメンバー名を入れ替えて作る比喩のことを「提喩（シネクドキ；synecdoche）」という（世の文献では説明に多少の混乱も見られる）。

以上を図示しておく（図11-1）。

		置き換えられるもの		置き換えるもの
隠喩	（例）	「時」	→	「金」
	（関係）		類似性	
直喩	（例）	「時」	→	「金」
	（関係）		比喩標識で明示される類似性	
換喩	（例）	「言論」	→	「ペン」
		「武力」	→	「剣」
	（関係）		事実的関連性	
提喩	（例）	「食べ物／物質的満足」	→	「パン」
	（関係）		意味的上下関係	

図11-1　比喩のタイプと仕組み

隠喩 ―どう？ 似てるでしょ？―

　大きな仕組みはいいことにして，各タイプの比喩について，少しずつ補足と考察を加えておきたい。隠喩に関しては2点あって，一つは"類似性"について，もう一つは比喩の文化性についてである。
　食べ物（料理）の名前は比喩とりわけ隠喩の宝庫だが，洋の東西から隠喩による料理名・食材名をいくつか挙げておこう。

(9)　食べ物の隠喩
　a 「鉄火丼」（←焼けた鉄のように赤いマグロの赤身丼）
　b 「イカソーメン」（←ソーメンのように細く切った白いイカの刺身）
　c 「クロワッサン」（←「三日月」の形をしたパン）
　d 「オレキエッテ」（←「小さな耳」の形をしたパスタ）

(9a)「鉄火丼」は比喩にしかなりようがないが，(9b)は，もしイカのすり身を練り込んだ素麺を「イカソーメン」と呼ぶなら比喩ではなくなる。比喩と比喩でないものとの区別は意外にややこしく，例えば「たい焼き」は鯛の形に似せて焼くので隠喩だが，「タコ焼き」は文字どおりタコが入っているから比喩ではない。一方，「タコさんウィンナー」は，焼いてタコの足のように開いたウィンナーということなので隠喩である。
　さて，上で"類似性"を捉えた比喩が隠喩だと説明したが，実例を見ていくうちに，類似性が先なのか言葉が先なのかわからなくなってくることに気づく。「鉄火丼」にしても，焼けた鉄の色と"似ている"という言い方はむしろ後付けのように聞こえる。ではこんな例はどうだろう？

(10)「螞蟻上樹〔マーイーシャンシュー〕（＝蟻の木登り）」

中国料理で有名な春雨と豚ひき肉の煮込み料理の名前だが，蟻の木登りに"似ている"とは普通思わないだろう（そんなことを思ったら食べられなくなってしまう）。これなどは，この名前を考えた人が，蟻の木登りに見立てたら面白いでしょ？と言っているように思えてくる。

こうしたことを考えると，"類似性"があらかじめわかっている場合だけでなく，言葉における隠喩が成立することによって"類似性"がいわば発見されるという側面こそが，隠喩の創造的な働きなのではないか？との見方が生じてくる。「時は金なり」など，言われて初めて，そうかそういうものなのだなと人は了解するのではないだろうか。

比喩はわかりやすく，時として比喩の方がわかりやすい，と感じる人は多いはずだが，あらためて比喩の表現について，どうしてそのような言い方をするのかと考えてみると，少しもわかりやすくないという例が意外に多い。その一つとして，次の例を考えてみたい。

(11)「松井のバットは最近湿りがちだ。」

（古い名前で恐縮だが）野球選手の打撃の不振について「バットが湿りがち」という言い方は今でもよく見かける。では，「湿りがち」がどうして打撃の不振のたとえになれるのだろう？　教室などで聞いてみると，みな明らかに困惑しながら，「バットが濡れて水を含むとボールが飛ばないから？」と答える人が多い。木のバットは湿気を含むと重くなって振りにくくなり，反発力にも影響があるようなので，完全に的外れというわけではないのだが，実はこの隠喩は，野球以外にもサッカーやアメフトでも使われ，ボクシングの攻撃について使われる例もある。それらも考慮すれば，この字義どおりの解釈は有効でない。

反対の意味の表現を考えてみよう。それは，

(12)　「松井のバットがついに火を吹いた。」

といったものである。なぜ火を吹くか？　それは，長距離打者の松井が「大砲」と呼ばれる選手だからである。これらを合わせて考えるなら，(11)の比喩も(12)と同じ，大砲や銃のような兵器の比喩と見ることができる。その上で，湿ってしまうと火を吹かなくなるのは？と考えれば，それは火縄銃や（昔の）大砲といったイメージであることがわかる。

　これが説明である。しかし，読んで驚いた人も少なくないだろう。そんな比喩わかるはずがない，しかもそんな原始的だったとは…，とさえ思うかもしれない。そのとおり，比喩は言葉一つの問題ではなく，ある互いに連関するイメージのフィルターで対象を捉えるようなものである。それがきわめて"文化"的な営みであることは明らかである。

換喩　―どうしても目立ってしまって―

　換喩という言葉が初めての人もいるだろう。レトリック論においても，隠喩に関する議論や研究が膨大にあるのに対して，換喩はやや影が薄いところがある。しかし，現実に用いられている換喩は実に幅広く，私たちの生活の幅がそのまま換喩の幅であるといえる。

　換喩を支える関係は"事実性"だと述べた。だが，それではいかにも抽象的すぎる。具体的にどういうつながりとして表れるかに着目し，さらに分類しながら例を挙げてみる。

(13)　換喩の例
　a　〈手段で結果〉
　　「耳が早い」（→　情報収集能力）

「顔が広い」（→　交際範囲）
　b 〈部分で全体〉
「赤ちょうちんでちょっと一杯」（→　軒先に赤提灯のある居酒屋）
「マドンナに横恋慕する赤シャツ」（→　赤シャツを着た教頭）
「ホワイトハウス」（→　アメリカ大統領府）
　c 〈容器で中身〉
「単語を頭に入れる」（→　記憶する）
「やかんが沸いた」（→　中で湯が沸いた）
　d 〈所在地で組織〉
「永田町」（→　政治家たち），「霞ヶ関」（→　官僚たち）
「ワシントンはどう捉えていますか？」（→　アメリカ政府）

　(13 a)の〈手段で結果〉は因果関係のようなつながりによって2つの事柄が関係づけられている。それ以外の(13 b-d)は，物理的ないし地理的に現実のつながりを持っているタイプである。いずれも，ぱっと見て"目立つ"特徴を捉え，それで全体を代表させていると考えると，共通性が見やすいだろう（この"目立つ"特徴のことを「参照点」という）。
　人間の認識は比喩のようなものかもしれないという考え方も，換喩を見ていると頷けそうに思えてくる。漱石の『坊っちゃん』に登場する「赤シャツ」という人物は圧倒的にそれが目立つのだし，沸くのは中の水だと知っていても見えるのはやかんなのだし，官僚は全国どこでもいるとしても，霞ヶ関にはその中枢部が集中しているのである。私たちのものの捉え方や覚え方というのは，まさにそのようなものではないだろうか。
　換喩もまた背景の"文化"を強く帯びている。最後の例がその好例だろう。「ワシントン」や「北京」という地名でその国の政府のことを表すという使い方を，日本では普通あまりしない。これはマスメディア的

な響きがいまだにある使い方で，元々日本語ではこういう使い方はしなかった。日本語に入ってきたのは直接的には英語からで，テレビで外国の特派員と衛星中継をつないでやりとりする際に，特派員が英語風にこういう使い方をしたところから広まったのではないかと考えている。

提喩 ―大は小を兼ね，小は大を兼ねる―

　最後に提喩だが，"目立つ"特徴で全体を表してしまうという点では換喩と似ている。但し，換喩が"ヨコ"のつながりであるのに対して，提喩は意味的上下関係という"タテ"のつながりを利用している点が異なる。つながりは上から下でも下から上でもかまわない。まず，下から上，つまりメンバー名でカテゴリーを表す例を見よう。

　　(14)　〈メンバー名でカテゴリー〉
　　a　「餅は餅屋」(→　専門家)
　　　　「平成の三四郎たち」(→　柔道家)
　　b　「ホチキス」(→　ステープラー［綴じ器］)
　　　　「ウォークマン」(→　携帯型音楽プレーヤー)

(14 a)の「三四郎」は架空の伝説的柔道家で，往年の名映画監督黒澤明のデビュー作『姿三四郎』の主人公であり，(14 b)の「ホチキス」は紙の綴じ器を発明し商品化した会社名（人名）である。いずれも顕著な例として認識の参照点になっていると考えられる。最近では「ステープラー」と呼ぶ人も増えたが，こうした独占的な（だった）メーカー名が商品名になる現象は広く見られ，例えばタイではステープラーは「マックス」と呼ばれている（日本のメーカーが最初にシェアを取ったためである）。

今度は反対に，上から下，カテゴリー名でメンバーを表す例である。

(15) 〈カテゴリー名でメンバー〉を表す提喩の例
　　「花見」（→　桜見物）
　　「祭」（→　祇園祭）

これらは地方や時代によって指すものが違ってくる可能性がある。今の日本で「花見」といえば「桜」見物であることが多いと思われるが，それを「花見」というのは，"暖かくなったいい季節にちょうど咲いているきれいな花を愛でる"といういわばその行為の趣旨を呼んでいるようなものと考えられる。だから，時代や地方によっては，花見という言葉で「梅」や「桃」の花見物を指すこともあり得る（平安時代以前なら梅見だったはずである）。「祭」も同様で，その地で祭といえば具体的に決まっている場合，それをいわば"祭の中の祭"として呼ぶようなものである。昔風の学校の呼び方で，その地域で一番有名な高校だけが「県高」と呼ばれているような場合があるが，それもこのタイプの提喩である。

3．比喩のコミュニケーション論的意味

　最後に，レトリック表現のコミュニケーションは普通のコミュニケーションとどこが異なるのかについて，少し理論的に検討しておきたい。
　第5章で取り上げたグライスの「協調の原理」と4つの「実践原則」を思い出していただきたい。それらは実は，効率性の原理とその具体的な原則と言い換えられるものだった。本章冒頭で述べたように，レトリック表現には何かの過不足や真偽の問題がある。だとするとそれらは，グライスの実践原則にどこかで必ず違反する部分を含んでいることになる。言い換えれば，レトリック表現は伝達効率を犠牲にして表現効果を

得るが，それは実践原則からの意図的な逸脱によってなされる。

　具体的に，比喩はどの原則に違反しているだろうか？　何かを何か別のものに置き換えて表現するのが比喩なのだとすると，それが別物である以上，多かれ少なかれ関連性がはっきりしない何かになるだろう。聞き手の立場からすれば，文脈に突然関係のない何かが持ち込まれる感覚である。そしてそのギャップを埋めて話し手が込めた推意（含み）が理解できたときに，比喩の心がわかったことになる。というわけで，

　　比喩：　関係の実践原則違反

と見ることができる（グライス自身は比喩は"事実ではない"という点に着目して質の原則違反と考えた）。

　本書で触れられなかった他のレトリック表現についても，一つずつ例を挙げながら，実践原則との関係を確認しよう。

(16)　レトリック表現と実践原則違反
　a　皮肉：　質の実践原則違反（←真偽が逆になったりするから）
　　　（いつも遅刻してくる人に）「今日も早いねえ。」
　b　トートロジー（同語反復）：　量の実践原則違反
　　　　　　　　（←AはAだという言葉は情報を増やさないから）
　　　（カップ麺が好きだと言う人に）「カップ麺はカップ麺でしょ。」
　　　（それに反論して）「ちがうよ，緑のタヌキは緑のタヌキだよ。」
　c　迂言：　様態の実践原則違反（←わざとわかりにくくするから）
　　　（ある先生の評判について）「いい先生って言う人もいるみたい。」

しばしば「皮肉」がわざわざ真偽を逆にするというのは不可解なほどだが，明らかに反対のことであれば誤解は生じず印象は強い。「トートロ

ジー」は表向き何も言っていないに等しい。にもかかわらず，最初の例は"所詮カップ麺に大した違いはない"と差異を否定していることが明確だし，次の例では"カップ麺だからと一括りにしないでほしい"と差異を強調していることがはっきり伝わる。「迂言」というのも無駄なことをしているように思えるが，例のような言い方はめずらしくない。白黒はっきりさせることがつねに望ましいとはかぎらないことの表れである。

　レトリック表現は，コミュニケーションの"スパイス"という次元を明らかに超えている。

引用文献

森雄一（2012）『レトリック』（学びのエクササイズ）ひつじ書房．
籾山洋介（2010）『認知言語学入門』研究社．
レイコフ，G.＆ジョンソン，M.〈渡部昇一・楠瀬淳三・下谷和幸　訳〉（1986）『レトリックと人生』大修館書店．（本文で挙げた *Metaphors we live by* の邦訳）

12 | 日本語のレトリック表現とオノマトペ

滝浦真人

《学習のポイント》
・日本語的なレトリックにどんなものがあるか確認する
・漢文脈的なレトリックを具体的に検討する
・和歌のレトリックを具体的に検討する
・日本語がオノマトペを大変好む言語であること
・オノマトペを支える音象徴について整理し理解する
・音を用いた比喩としてのオノマトペを具体的に考える

1. 日本のレトリック

　コミュニケーションを捉える普遍と特殊という観点があることを，第2章で述べた。水準は少し違うが，レトリックにも同じことがいえる。前章で見たようなコミュニケーション論的意義はレトリックの普遍的存在価値といえ，レトリックのない言語はないとの帰結も導かれよう。
　ではレトリックの特殊とはどういうことだろうか？　前章で触れた比喩の文化的背景などもその一部と考えられる。しかし，そうした内容面以前に，レトリック表現の好みに関して言語差があり，要因として，その言語文化で発達してきた文学芸術のジャンルが何であったかや，広い意味での言語構造，特にどのような書記体系（文字法）や音韻体系であるか，といったことが関係する。日本語のレトリックに当てはめると，古典中国語すなわち漢文からの影響がある一方で平仮名文学としての和

歌の伝統があり，また，仮名文字の性質を利用したことば遊び的側面も発達した。これも前に触れたが，日中韓の3言語にはオノマトペ（擬音・擬態語）が多いという共通点もある。日本語の"オノマトペ好き"は著しく，日本語の特徴といってよい現象である。

そういうわけで本章では，「日本語の」に焦点を当て，日本語が発達させてきたレトリック表現の特徴と，レトリック表現の一つともいえる（説明は後で）オノマトペを取り上げて考察することにする。

漢語と漢字のレトリック

中国からの「漢字の借用」「漢語の流入」などと聞くと，文字や単語のリストのようなものを思い描きたくなるが，漢字の表や単語帳だけを借りたわけではない。実際には思想や政治などの書籍や詩文など文学作品として入ったものから，言葉や表現が日本語に取り込まれ定着した。このことは当然，中国語的な表現法＝レトリックが日本に持ち込まれ，そのうちいくらかが日本語のレトリックとなり，似たようなものが日本で新たに作られたとの推論が導かれる。ここでは漢語と漢字の例を一つずつ挙げよう。

中国語は2つの事柄を対比させて表現することを好む。「対句」と呼ばれる手法がそれで，日本語でもそれと意識することなく使っている例はとても多い。元々漢語は二字の熟語が多いため，それを対にすると四字となる。だから，いわゆる四字熟語と対句は大変相性が良い。

日本語とほぼ同じ言葉が中国語にもあるケースはもちろんある。

(1)　「換骨奪胎」（中：「脱胎換骨」）
　　　「三寒四温」（中：「三寒四暖」）

「換骨」と「奪胎」,「三寒」と「四温」が対になって一つの熟語になっていることがわかるだろう。(1)は, 日中で順序が入れ替わったり用字が異なったり(そして意味も変わったり)するが, 語形としてはほぼ同じものが見つかるという例である。しかし, こうした例が多数派かというとそうではない。次の例は中国語にはないようだ。

(2) 「慇懃無礼」「平身低頭」「質実剛健」「西高東低」

これらは漢文風の響きを感じさせる表現として日本で作られたことになる。最後の例など, 日本の気圧配置の形容だから完全に日本製である。

　対句のレトリックは造語法に限るものではなく, 語りの中でリズムを生み出す要素としても活用された。有名な語りの文学『平家物語』の冒頭は見事な対句で構成されている。

(3) 「祇園精舎の鐘の声, 諸行無常の響あり。沙羅双樹の花の色, 盛者必衰の理をあらはす。」(平家物語・冒頭)

最初の「祇園精舎」以外は,「諸行／無常」「沙羅／双樹」「盛者／必衰」という具合にすべて対をなしていることがわかる。加えて,「精舎」からずっと,「ショ ジャ … ショ ジョ … サ ソウ ジュ … ジョ シャ スイ」と類音で畳みかける音構成になっており, 意味のリズムと音のリズムが並行しながら全体を包んでいる。名文という所以の一端が見える。

　漢字という文字そのものの特性を利用したレトリック表現も紹介しておこう。漢字は一文字一語の表語文字であり, 偏や旁(つくり)など構成要素の組み合わせが多様である。そこから漢字を文字遊び的に扱う習慣が生じてくる。中国では「文字謎」と呼ばれる文字のなぞなぞが長い歴史を持っ

ているが，(4)はその一例である．漢字の構成要素や意味に引っかけながら，正解1字を答えさせるなぞなぞ2問である．

(4)　問「九十九」？
　　　問「八十八」？　　　　　　　　　　　　　　（相原，1990より）

答えはおわかりだろうか．最初のはまず意味を利用する．99は100に1足りない．すなわち，"九十九＝百 − 一"。ここで構成要素に目を転じる．「百」という字から「一」を取り去ると「白」ができるのでそれが答え．次は始めから漢字を分解していて，「八」と「十」と「八」を合わせると「米」になるのでそれが答え．などと説明を読む前に，「なんだ，白寿と米寿でしょ？」と思った人も多いだろう．そのとおりなのだが，実はこの「白寿」や「米寿」といった長寿祝の表現を中国ではしないという．ということは，同じ仕組みを，一方はことば遊び，一方はレトリックに利用していることになる．

和歌のレトリック

　では和文脈に目を移そう．日本では万葉集以降（おそらくは以前も）ずっと歌を詠む歴史があり，なかでも和歌は一つの完成形として愛された．コミュニケーションという観点からすると，歌はたしかに文学芸術の一領域に違いないが，現実のコミュニケーションにおいて実際に"やりとり"された側面も持つことを，現代の私たちは見落としがちかもしれない．定型で，しかも字数はわずか31文字と切り詰められている．それを使ってコミュニケーションするとしたらどんな手法が発達するだろうか？　字義的な意味だけだと内容が限られてしまう．そこから和歌は様々なレトリックを発達させることとなった．

例として,『伊勢物語』に出てくるあまりにも有名な「かきつばた」の歌を見ることにしよう。川端に咲く「かきつばた」を詠み込むという題で在原業平が作ったとされる。

(5)
から衣きつつなれにしつましあればはるばるきぬるたびをしぞ思ふ
　　　　　　　　　　　　　　　　　　　　　　　　　　　在原業平
　　(解釈：着物を着馴れるように狎れ親しんだ妻があるので,
　　　はるばる旅をしてきてしみじみ感じられることだ。)

この歌には,「枕詞」「掛詞」「縁語」「折句」という実に4つものレトリックが詰まっている。最初の言葉「から衣(唐衣)」は「枕詞」で,衣服関係やそれと同音(類音)関係の言葉を導く。ここでは「きつつ(着つつ)」である。ここから,全体の主意として,「なれ(狎れ)」親しんだ「つま(妻)」が都にいるということが「はるばる」旅をしてきて身に染みて感じられる,という文脈が展開される。同時に,この「なれ」「つま」「はる」という3つの語要素は,同音関係によって別の言葉としても読める。それが「縁語」の系で,着「なれ(馴れ)」た着物の「つま(褄[＝裾])」を「はる(張る)」という連関が伸びてゆく。そして,「題」とされた「かきつばた」は,歌の各句の頭文字を拾うことで再構成される。この手法は「折句」という(ヨーロッパの言語にもあり英語なら acrostic と呼ばれる)。以上の構造を図12‐1で示そう(尼ケ崎,1988, 参照；滝浦,2000, 第3章)。
　お気づきかもしれないが,レトリックには,語の意味的連関に訴えるものと,語の音的連関に訴えるものがある。言語というものが,意味と音が貼り合わさってできているという原理の反映である。日本のレト

第12章 日本語のレトリック表現とオノマトペ | 179

図12-1 「かきつばた」の歌のレトリック構造

リックで，「掛詞」と呼ばれるのは音（同音・類音）の連関であり，「縁語」と呼ばれるのは意味（的連想）の連関である。それらを駆使するなら，主意すなわち文脈は強く制約されるはずだが，作者の技は文脈を殺すことなく，音と意味両面での連想に融合させている。かなり複雑な構造であることは一目瞭然だが，レトリック表現によほど習熟していなければその場で詠むなどとてもできそうにないこともまた明らかだろう。

"実用的な"ことば遊び

「かきつばた」のような折句は，読み手からすると，メッセージをそのまま読むのではなく，一旦文字列を普通に読んでから，頭文字を拾う操作をすることになる（作者は逆の操作をしている）。そこではメッセージはいわば二重化されている（"二度仕事をしている"）ことになる。実は日本語では，このことば遊びが実際のコミュニケーションにおいてよく利用されてきた形跡がある。短い言葉のやりとりをしながら，表向き言いにくい用件を折句で仕込むという効用があったからだろう。

『徒然草』で知られる吉田兼好と友人頓阿との歌の応答がある。一見するかぎり，一方が秋の侘しさを書き送り，他方が来訪の誘いを返すという，平凡なメッセージの交換にすぎない。

(6)

兼好から頓阿への歌	頓阿から兼好への返歌
夜もすずし	夜も憂し
寝ざめのかりほ	ねたくわが夫(ぜこ)
手枕(たまくら)も	はては来ず
真袖(まそで)の秋に	なほざりにだに
へだてなき風	しばし訪(と)ひませ

(桑原, 1982 より)

　ところが, 兼好の歌を, 各句の頭文字を順につないでみると, 次元の違う現実的な用件があぶりだされてくる。「よねたまへ」つまり「米給へ」である。実はこの歌はさらに手が込んでいて, 各句の末尾文字を逆順につないだものも折句になっている。それは, 「ぜにもほし」つまり「銭も欲し」である。このように, 頭音と末音の両方が折句になっているものは, "下も上も"という意味で特に「沓冠〔くつかむり〕」と呼ばれる。頓阿の返事はどうだろうか。これは現実的なメッセージのやりとりであると同時に遊びでもある。ならば, 同じ沓冠で返すのが礼儀というもの, 返事は「よねはなし」と「せにすこし」だった。「米は無し」しかし「銭少し」というわけである（清濁は問わなかったようだ）。

　折句に仕込まれた第二のメッセージは, 第一のメッセージの拘束を受けることなく完全に独立している。それだけに, 2つのメッセージが意味的に無関係だったりかけ離れていたりした方が, 遊びとしての面白さは増すことになる。

2. オノマトペと日本語

「オノマトペ。
良くも悪くも日本人の共通感覚が織り出した独特の世界。」

『オノマトピア　擬音語大国にっぽん考』と題された本のキャッチ・フレーズである。この一言には，日本語にとってのオノマトペがうまく表現されている。日本語は諸言語と比べて明らかに"オノマトペ好き"である。そして日本人もまたそうである。しかも，日本人は，"オノマトペはわかりやすい"と信じている。果たしてどうなのだろう？

日本語では日常的に千数百語のオノマトペを使用し，オノマトペだけを収録した辞書もすでに数種類が刊行され（最大のものは約 4500 語を収録した小野編『日本語オノマトペ辞典』），毎週何百万部も買われるマンガ雑誌にはオノマトペが溢れている（三大週刊少年漫画誌だけで 500 万部を超える［2006〜2007 年］）。なにより，私たち自身，一日とて，オノマトペを使わずに生活することなど想像さえむずかしい。

では予備的な説明を少し。擬音語・擬態語の類（下で例示する）を総称して「オノマトペ」と呼ぶことが多い。普通の単語と違って，言葉の音そのものが言葉の意味を直に担っていると感じられる語類のことで，古代ギリシャ語起源でフランス語 onomatopée から入った[1]。

元々が音である生き物の声や物音を言語の音に映して表す「擬音語」は，おそらく世界中の言語に普遍的に存在すると考えてよい。しかし，元々が音でない事物の様子を言語音で表現する「擬態語」になると，言語による相違が大きくなる。総じてヨーロッパ系の言語では，擬態語はあまり活発でないか通常の単語との違いが感じ取りにくい（英語もそうである）。それに対して，中国語，韓国・朝鮮語，そして日本語といっ

---

[1] 但し，このフランス語も英語の onomatopoeia も「擬音語」相当の範囲しか意味しないため，専門的には ideophones（表意音語）や mimetics（模倣音語），sound symbolic words（音象徴語）などと呼ばれる。

た言語では，擬態語も盛んに使われ，単語の音や形にも通常とは違う特徴がはっきり見られる（また偶然だが，アフリカの諸言語に見られるオノマトペは日本語のとよく似ている）。この点は大きな特徴である。

擬音語・擬態語とそれらの表す対象との関係は，人間の五感に沿って整理するとわかりやすい。元々音であるものは聴覚的な印象を音にしているといえるが，聴覚以外にも感覚は4つあるから，それぞれ視覚・触覚・味覚・嗅覚の感覚印象を表す単語がある。聴覚印象を表すオノマトペが「擬音語」で（生き物の声を表すものを「擬声語」として区別することもあり，また学問分野によって用語の習慣が少しずつ違うが立ち入らない），聴覚以外の感覚印象を表すオノマトペは「擬態語」ということになるが，中身は多岐にわたる。また，日本語の特徴として，感覚よりもさらに高次の情緒的な印象を表すオノマトペがあり，それらを「擬情語」として呼び分けることもある。表12-1に整理しよう。

これを見ながら確認したいことは，元々が音である擬音語（擬声語）は外国語でも比較的似ていそうだが（例えば犬猫やカッコウの鳴き声など典型的である），それ以外のオノマトペでは，どれだけ耳をすまそうとも音はしないはずだということである。夜空の星をどれほど見つめよ

表12-1　日本語の擬音語・擬態語と感覚印象の関係

感覚間の関係	語例
擬音語　（←音［音］の感覚：聴覚） 　　　　（←音［声］の感覚：聴覚）	ドアを「ドンドン」叩く 蛙が「ゲコゲコ」鳴く
擬態語　（←音以外の感覚） 　　　　　（←視覚） 　　　　　（←触覚） 　　　　　（←味覚） 　　　　　（←嗅覚）	 星が「キラキラ」光る 肌が「サラサラ」する 舌が「ピリピリ」する 酢の「ツン」とした臭い
擬情語　（←感覚複合的な印象）	展開に「ハラハラ」する

うとも「キラキラ」という音は決して聞こえないし，「サラサラ」は（擦れるので）微妙だが，「ピリピリ」も「ツン」も音が聞こえるわけでは決してない。「ハラハラ」やあるいは「ウジウジ」など，言うに及ばない。そう考えると，要は，"音なきものを音にする"のがオノマトペであり，どうしてそれが可能であり，なぜ"それらしく"感じられるのか？について，あらためて説明が必要だということである。

オノマトペを支える仕組み―音象徴―

　オノマトペで，言葉の音そのものが言葉の意味を直に担っているのなら，音が意味の何かを象徴的に表すような性質や仕組みがなければならない。それは「音象徴（sound symbolism）」と呼ばれ，言語の違いによらない普遍的な音象徴があるのか？それとも言語ごとに音象徴の好みや癖のようなものがあるのか？といった観点から研究されている。

　音声についての講義ではないので先回りして見通しをつけよう。日本語オノマトペでは，普遍的な音象徴を見出せるけれども顕著に認められるというほどでもなく，逆に，日本語で非常に強固なものと感じられる「清濁」のイメージ対立は，日本語に偶然生じた歴史的事情に起因する日本語だけの音象徴であり，日本語を知らない人にはまったく通じない（ということはほとんど理解されていない）。

　普遍的な音象徴としては，母音のa／i／uのイメージが典型的である。音である以上，エネルギーや周波数などの物理的性質を持っている。その特性が，音以外の様々な感覚印象にいわば"翻訳"可能であるとすれば，それは言語の違いによらない普遍的な音象徴となるだろう。かいつまんで説明する。aは発音するときの口の開きが最も大きい母音のため，音としてのエネルギーが大きく響きが大きい。それに対して，iとuは口の開きが最も狭く，舌の位置をもう少し持ち上げたらもう（摩擦

音や閉鎖音といった）子音になってしまう。つまり母音の中で最もエネルギーが小さく響きが小さい。次に，iとuを比べると，舌の前方が持ち上げられるiは音の周波数域が全体に高いのに対し，舌の後方が持ち上げられるuは音の周波数域が全体に低い。ここから，これら3つの母音について，図12-2のようなイメージが生じやすいことになる。

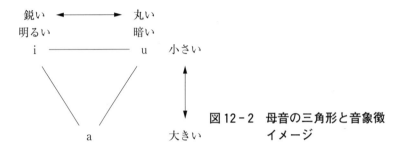

図12-2 母音の三角形と音象徴イメージ

　こうした，異種感覚間での"翻訳"可能性のことを「共感覚（synaesthesia）」という。これに合致する例は世界の多くの言語で容易に見つけることができる。例として，（きれいな例でなくて申し訳ないが）英語の'caca'と'pipi'を挙げておこう。各々「うんち」と「おしっこ」，つまり"大"と"小"である。日本語で最も合致しそうなのは，（正真正銘の単語といえるか微妙だが）笑い方を表すオノマトペがある。

（7）「アハハ／イヒヒ／ウフフ」

アハハは豪快な，イヒヒとウフフは声を潜めた笑いである。イヒヒは何かの意思が"尖って"いるのに対し，ウフフは"可愛らしい"。ついでに，「エヘヘ」はiとaの間，「オホホ」はuとaの間として解釈できる。普通の単語でも，よく合致していそうな組み合わせを探すことはできる。

(8)　日本語オノマトペに見られる普遍的音象徴？
　a　「パラパラ／ピリピリ／プルプル」（p-r-p-r- の枠に a/i/u）
　b　「カラカラ／キリキリ／クルクル」（k-r-k-r- の枠に a/i/u）

　(8 a)では，例えば，広い会場に客の入りはパラパラだ，辛いものを食べて舌がピリピリする，プリンがプルプル揺れている，といった用例を考えればわかるように，a では疎らなイメージなのに対し i と u では小さく細かいイメージがある。そして i と u の違いは，前者が鋭く後者が丸い。(8 b)もおおむね同様のことがいえる。この程度には認められるので，普遍的な音象徴の痕跡は日本語にもあるといえそうに思われる。しかし，幅広く認められるかというとそうでもない。(7)や(8)ほどの例はそう多くなく，イメージもあまりはっきりしないのが実情である。

清濁のイメージ対立
　a／i／u の音象徴は言われて初めて知ったという人もいるだろうが，次の例は言われなくても日本語の母語話者なら誰でも知っている。それは「清音」と「濁音」のイメージ対立である。

(9)　「キラキラ／ギラギラ」「サラサラ／ザラザラ」「トロン／ドロン」

　「キラキラ」した瞳は純粋できれいだが，「ギラギラ」した目をした人には用心した方がいいかもしれない。あるいは，乾燥して「ザラザラ」したお肌は不快だけれども，この化粧水をつければすぐに「サラサラ」になる，云々。「トロン」とした半熟玉子はおいしそうだが，「ドロン」としたのは食べるのをやめておこうか，等々。あらためていうまでもなく，日本語における清濁のイメージ対立は明確かつ強固である。
　これらのイメージはあまりに身体化されてしまっているため，世界の

どこでも通用するのだろうとつい思いがちである。ところが事実はまったくそうではない。実はこの清濁の，というよりも濁音に対する良くないイメージは，まったく偶然の産物である。それは，古代の日本語には，

　　単語の最初には濁音が立たない

という音韻法則（頭音法則）とでも呼ぶべきものがあったことと関係している。思いつくかぎり大和言葉を挙げてみてほしい。「あめ，つち，そら，ほし，うみ，かぜ，やま，かわ，き，はな，くさ，…」と，たしかに濁音で始まる単語はない。だから人々は濁音始まりの単語を聞くことがなかった。濁音がなかったわけではなく，「かぜ」のように単語の中であれば普通に現れた。ところが奈良時代以降，中国からの文物の流入が増えるにつれ，日本語の単語に漢語がどんどん入ってくることとなった。中国語には上のような音配列の制約はないから，漢語を日本語の音に落とし込もうとすれば，濁音始まりの単語も増えてゆくことになる。「字，文，銀，銅，象，…」など，そうした単語が日本語の語彙として定着するにつれ，かの頭音法則も有効性を失うこととなった。

　そうしていつか頭音法則は消滅し，日本語の単語は清音でも濁音でも始まることとなる。しかし，濁音始まりの単語は日本語ではないという感覚を抱いたであろう人々の内には，濁音始まりが違和感として残ったと考えることができる。オノマトペにかぎらず，濁音始まりの語が良くない意味のバリエーションとなることがあり，（料理の際の粉物の）「ダマ（←玉）」や（鳥の肉を取ったあとの）「ガラ（←殻）」など，その痕跡は意外に多く残っている。オノマトペにおける清濁のイメージ対立も，こうしたまったく偶然の歴史的事情の結果なのである。日本語の"オノマトペ好き"は，かなり日本語特有の色合いを帯びてくる。

音で捉える比喩―音喩―

　コミュニケーションの観点からオノマトペを見ると，たしかに音の何らかの側面を手がかりにしながらも，いわば暗黙の"決まり事"として清音系の"純粋"と濁音系の"過剰"や"夾雑"が対立する，あるいは，「キラキラ」のような反復形という単語の形が"オノマトペらしさ"の印である，といった理解の方が実情に近そうである。実際，レトリック論では，オノマトペを「音喩」と呼ぶことがある。音で捉えた比喩との見方で，比喩であるならそれを使う人の見立てが最後の決め手となる。

　オノマトペの詩人と呼びたくなる詩人たちがいる（反対にオノマトペを使わない詩人たちもいる）。使う代表的な一人に宮澤賢治がいる。童話でも詩でも印象的なオノマトペを数多く使ったが，彼はまた，自身の見立てによって奔放ともいえるオノマトペの使い方をした人でもある。

　（10）「クラムボンはかぷかぷ笑ったよ」（童話「やまなし」）

「かぷかぷ」は謎めいているが，川底で話をしている沢蟹の兄弟が，落ちてきた山梨に驚いて，そのときの様を話し合っているところである。情景からして，一度水中深く沈んだ山梨が再び浮き上がったときに，多くの小さな泡をまとっていたと考えれば，「クラムボン」は泡のことで，「かぷかぷ」は「ぷかぷか」を逆さにしたと考えることができる（ただし解釈には諸説ある）。ならば，「かぷかぷ」は対象に忠実というよりも，むしろ"言語的"に作られたオノマトペだと見なくてはならない。

　先ほど，擬音語は比較的普遍的傾向が強いと述べた。しかし，オノマトペが比喩であり，かつ比喩であるからには，なまの音ではなくあくまで言語の中での捉え方なのだと考えると，オノマトペが対象の音そのものを忠実に表現している必要はないことに思い至る。オノマトペをそのように使った詩人として，中原中也と草野心平がいる。中也の有名な

「サーカス」と，心平の「鰻と蛙」から挙げる（ともに一部）。

(11) 中原中也のブランコ
　　サーカス小屋は高い梁
　　そこに一つのブランコだ
　　見えるともないブランコだ

　　頭倒(さか)さに手を垂れて
　　汚れ木綿の屋根のもと
　　ゆあーん　ゆよーん　ゆやゆよん

(12) 草野心平の蛙
　　カキクケコ
　　カキクケコ
　　ラリルレロ
　　ラリルレロ
　　ガッガッガ
　　ガギグゲゴ
　　ラリルレロ

(11)の「ゆあーん　ゆよーん　ゆやゆよん」は，キイキイいうブランコの音を柔らかく捉えた独創的な音感だが，よく見ると「や／ゆ／よ」のヤ行音を下敷きにしていることがわかる。(12)は，これだけ見ても何なのか見当がつかないが，蛙たちが，すわ天敵の蛇が来たかと身構えたら蛇ではなく鰻だったので皆で安心しながら鳴き続けているといった情景である。というわけで引用部分は蛙たちの鳴き声なのだが，五十音がそ

のまま使われていたりする。"蛙の詩人"との異名も持つこの草野心平という詩人は，蛙の鳴き声を一貫してラ行音（とカ行音・ガ行音）で表した。つまり，彼の見立てとしては，蛙の言葉を人間の言葉に置き入れるならば，それはラ行音かカ行音で表されるべきものだったのである（滝浦，2000, 第2章参照）。

　ヤ行音のブランコに，ラ行音の蛙，どちらも極端な例かもしれないが，オノマトペが対象に近づいて捉えようというよりも，あくまでも言語音として捉えるものだということを明確に意識していた詩人たちのレトリック表現だということがよくわかると思う。

　オノマトペは近年，コミュニケーション・ツールとしても注目されている。スポーツや医療など，様々な場面でオノマトペを用いたより直接的な伝達の可能性が話題になり，また研究対象ともなっている。母語話者にとって，たしかにオノマトペは直感的にわかりやすい。しかし一方，外国語のオノマトペは少しもわかりやすくないという側面も忘れてはならない。オノマトペのわかりやすさのイメージはかなり，日本語的な音の用い方に発していると考えるべきだろう。そしてこの事情は，方言でも同じである。知らない方言のオノマトペは，聞いてもまったくイメージがつかめない。東日本大震災の後，全国から被災地に医療関係者が支援に入ったが，患者が症状を訴えるときに使うオノマトペが通じず難儀するケースが続発し，そのためにオノマトペ用語集が作られたといった経緯もあった。

　オノマトペはわかりやすい，しかし普遍的ではない。このことは頭に入れておいていいだろう。

引用文献

相原茂（1990）「ペキン語の言語遊戯」〈江口一久 編〉『ことば遊びの民族誌』大修館書店．
尼ケ崎彬（1988［1994］）『日本のレトリック』筑摩書房．
小野正弘 編（2007）『擬音語・擬態語 4500　日本語オノマトペ辞典』小学館．
桑原茂夫（1982）『ことば遊び百科』筑摩書房．
櫻井順（2010［1986］）『オノマトピア　擬音語大国にっぽん考』（岩波現代文庫）岩波書店．
滝浦真人（2000）『お喋りなことば』小学館．

参考文献

亀井孝（1997）「日本語（歴史）」〈亀井孝・河野六郎・千野栄一 編著〉『日本列島の言語』（言語学大辞典セレクション）三省堂．
篠原和子・宇野良子 編（2013）『オノマトペ研究の射程　近づく音と意味』ひつじ書房．

13 | 公共圏のコミュニケーション
―禁止を手がかりに―

滝浦真人・大橋理枝

《学習のポイント》
・公共圏という場の性質とそこでの命令について考える
・禁止表現の難しさと日本語固有の問題を具体的に検討する
・コミュニケーション調節理論について理解する
・禁止表示が表す文化的価値観について考える
・多言語表示の意義と難しさについて考える

1. 公共圏とむき出しの命令

　公共圏とは開かれた場所であり，"みんなの場所"である。では，みんなの場所は"わたしの場所"でもあるかというと，そうではない。むしろ，みんなの場所は"誰の場所でもない"場所として，開かれている。
　公共圏では，誰に対してメッセージを発すればよいかが定まらない。対人コミュニケーションであれば相手が具体的に想定でき，その想定に従ってメッセージを構築することができるが，公共圏でのコミュニケーションは相手を特定化することができないため，そこで構築されるメッセージも漠然とイメージされる相手に向けてのメッセージということになってしまう。さらには，メッセージを発する側がイメージした相手が，そのメッセージを実際に受け取ってくれるかどうかもわからないし，そのイメージした相手が本当にメッセージを向けるべき相手であるのかど

うかも，実際にメッセージを発信してみた結果を見ないとわからない，ということになってしまう。そのような場所では，"何を伝えるか"と並んで，ときにそれ以上に，"どう伝えるか"や"誰に伝えるか"が重要となる。

　誰のものでもない"みんなの場所"は，誰にとっても"わたしの場所"ではないため，めいめいに好き勝手なことをされては困るという点も共通している。みんなの場所に禁止事項が付いて回るという逆説がそこから生じる。公共圏には実に禁止が多い。当然ながら，「禁止」もまたコミュニケーションの一様態である。ある行為をさせない，未然に防ぐというのは，それをするかもしれない人物の自己決定の自由に対する明確な侵害である。

　つまり，ポライトネスの観点からすれば，禁止は相手のネガティブ・フェイスに対する強い侵害となる。フェイスの侵害があるときにはポライトネスによって補償をするというのがこれまで見てきた考え方だが，こと禁止においてはポライトネスは逆に悩ましい問題となる。それは，侵害の補償をすることで禁止の効果が弱まってしまうからである。言い換えれば，禁止とはすなわち相手のネガティブ・フェイスの他者によるコントロールなのであり，それを弱めることは禁止自体を弱めることを意味する。

　ここにさらに，日本語固有の事情が加わることになる。敬語を持つ日本語は，敬語を持っているというそのことによって，使うにせよ使わないにせよ，人物をどう待遇するかを表してしまうからである。それは話し言葉では決定的であり，待遇性があまり明確でない書き言葉においても微妙な影を落とす。

　本章では，こうした悩ましさを持つ公共圏のコミュニケーションをテーマに，「禁止」を手がかりとしながら，前半では"どう伝えるか"

を，後半では"誰に伝えるか"を焦点として考察してみたい。

むき出しの命令形が意味するもの

　禁止について考える準備として，命令ということについて少し見ておこう。日本語にも「命令形」と呼ばれる活用形があって，それは命令という言語行為に使える形だということを私たちは知っている。では，自分の生活の中で，むき出しの命令形を使って命令することがどの程度あるかというと，実は非常に限られている。例えば親が子に「早くしろ！」と言うことはあるだろうが，多くの場合これは"我慢の限界"のようなニュアンスを伴う。つまり，「今日は○△するんだよね？」「早めにやったら？」「そろそろした方がいいんじゃない？」「もう，早くしなさい」という具合にだんだん要求が強くなって，それでもしないときついに「早くしろ！」が登場するという感覚である。

　命令形の使用というだけなら，例えば野球ファンの人がテレビで贔屓の打者の大きな外野フライに向かって「入れー！」と叫ぶかもしれないが，これは命令ではなく祈願の用法というべきである。よくないことの祈願は呪詛となるが，「死ね！」などが例となる（滝浦，2010）。

　そうした命令形に，公共圏のコミュニケーションでは実は意外によく出くわす。最も日常的なのは，交通関係の標識や指示の言葉である。一時停止や速度注意の，

(1) 　むき出しの命令形による指示
　a 「止まれ」
　b 「スピード落とせ」

など，多すぎて日ごろ気づかないが，れっきとしたむき出しの命令形で

あることがわかる。珍しい例に接すると，命令形の強さがあらためて感じられる。関越トンネルなど高速道の長大トンネルが近づくと，手前の出口近くで，こういう指示が何度か目に入ってくる。

　(2)　「危険物積載車両　ここで出よ」

これらは，警察権力を背景に強圧的な命令をしているのかというとそうではなく，

　　むき出しの命令形＝無待遇形

というところに眼目がある。待遇性というのは，受け手が誰でありどういう人間関係があるかによって変動する（だから待遇の意味がある）。ところが，(1)や(2)のような指示は，受け手が誰であっても必要性と効力は変動しない（しては困る）。そのことを伝えるには，待遇自体を外すことが究極的な解決法となる。

　近年，洗剤や洗浄剤に赤や黄色で目立つように書かれている警告，

　(3)　「混ぜるな　危険」

があるがこれも同類で，この場合は「家庭用品品質表示法」によって，混ぜると一定以上の塩素ガスが発生する場合に表示が義務付けられている。要するにこれらにおいては，無待遇であること自体，伝達の必要性が待遇の必要性を上回るというメッセージとなっている。逆にいえば，無待遇の形でないとそうした内容の公的中立性は伝えきれない。「です・ます」が持ち込まれただけで，必ずや受け手は送り手との“わたし―あなた”の関係に引き込まれることとなる。そのとき言葉は関係性の言葉に転じてしまうといって過言ではない。

2．悩める禁止

　初めにも述べたように，公共圏の禁止表現はとても厄介である。むき出しの命令形を見た後では訝しく思われるかもしれないが，交通関係の指示や法的根拠による警告は，実は受け手側にも法令遵守の義務や事故防止の自己責任がある例だった。しかし，公共圏における多くの禁止は，現実には協力要請であることが多く，対面でなら敬語待遇も期待されるような相手による歓迎されない行為に言及しなければならない場合が多い。つまりそこでは，むき出しの命令形で禁止することはできない。本節ではそうした，公共の場における迷惑行為の禁止表現を取り上げ，そこににじみ出るある悩ましさを考察したい。

　日本語には歴史的に漢文脈／和文脈という区分があり，書き言葉では特に，事柄を簡潔に提示できる漢語のアドバンテージがあった。禁止の場合も，端的に「禁〜」とすればよく，内容が長くなれば「〜禁止」の形にすれば，無機的な禁止が容易に表現できる。「禁酒」「禁煙」といった固定化した例だけでなく，現代でも新たな表現を生産でき，例えば立ち飲みのビヤバーで「ナンパ・声かけ禁止」と掲示することができる。

　実はこれもポライトネスの問題として扱うことができる。ポライトネスの理論を立てたブラウン＆レヴィンソンは，ネガティブ・ポライトネスを表す一つの手段として，

　　名詞化する（B＆L，1987：207）

というものを挙げている。行為を動作として表せば行為者も問題となるところを，名詞にしてしまうことで行為を抽象化することができる。

　しかし，この「禁〜／〜禁止」にも弱点がある。それは，禁止対象の行為が名詞的に熟していないと表現としての座りが悪くなることであ

る。次の写真は東京・新宿駅構内で見かけた禁止の掲示である。

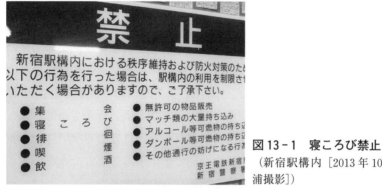

図 13-1　寝ころび禁止
（新宿駅構内［2013年10月，滝浦撮影］）

ここでは，駅構内における禁止行為として，「集会／徘徊／喫煙／飲酒」などと並んで「寝ころび」が挙げられている。それらと「禁止」をつないだ場合，「集会禁止」はいうまでもなく，「徘徊禁止」も（目にする頻度はともかく）表現としては問題ない。「マッチ類の大量持ち込み禁止」も，全体は熟語になっていなくても「持ち込み」が名詞表現として熟しているため違和感なく理解できる。それに対し，

(4)　「? 寝ころび禁止」

という表現は違和感が拭えない。「寝ころび」という動作名詞表現が熟していないからである。

(5)　「?? 寝ころびって気持ちいいよね。[1]」

という表現は，筆者の語感では何か特殊な「寝ころび」でないと苦しい。
　そうした問題がまさに悩ましさとして表れているのが図 13-2 の写真である。

---

1) 記号「?」は「文法的に誤りではないがやや不自然」，また記号「??」は「文法的に誤りではないが不自然・不適切」という意味で用いる。

図13-2　ホームドアから身を乗り出さないでください
（京王電鉄のホームドアの掲示
［2013年7月，滝浦撮影］）

ここでは，「立て掛け禁止」「駆け込み禁止」までは「〜禁止」で済んだのが，"ホームドアから身を乗り出すこと"という最近可能になったばかりの行為では済まなくなって，「ホームドアから身を乗り出さないでください」という別の表現になっている。冗長なだけでなくニュアンスもやはり違ってくる。もし「〜禁止」で通そうとすれば，

(6)
　a 「?? ホームドアから身を乗り出すの禁止」
　b 「?? ホームドアからの身乗り出し禁止」

といった，日本語としては不自然な表現になってしまう。無待遇にすれば無理な名詞化となり，待遇を付けると禁止よりお願いのようになってしまうというジレンマがある。

　この「〜禁止」と「〜ないでください」の落差はやはり大きいといわなければならない。「禁止」の"上から目線"は否定できず，他方「ください」の強制力は弱すぎる。そこから，相手の自発性に訴えながら行為を控えさせたいというストラテジーが生じてくる。

フェイス侵害行為を一般則として述べる（B＆L, 1987：206）

最も典型的には「〜る／ないことになっています」という表現がこれに該当する。誰が決めたかは知らないがそれがルールだといわれてしまうと個別のケースを主張しにくくなる心理である。当てはまりそうな例として，「〜（し）ない」という宣言風の表現がある。次も駅のホームドアに貼られた掲示だが，「〜禁止」や「〜ないでください」に代わって，この「〜ない」が用いられている。

図13-3　のりださない
（東京地下鉄のホームドアの掲示
［2013年10月，滝浦撮影］）

ここでは，「立てかけない」「かけこまない」などと並んで，悩ましかったさきほどの「身を乗り出す…」も「のりださない」という同じ形に収めることに成功している。この「〜ない」は，動作を動作のままで表すため名詞化する必要がなく，上で見たような面倒は生じない。その意味で，新たな形を作り出しやすい禁止形と見ることもできる。

その一方で，弱点とおぼしきところもある。一つには，学校用語的な呼びかけ風の響きを持つ（つまり少し子どもっぽい）ことと，また一つには，禁止というよりは行為主体への訴えかけや主体自身の意思表明（"非〜の誓い"）のように聞こえることである。今後に注目したい。

鉄道のような公共性の高い事業者に比べ，より商業的な事業者になる

と待遇性の問題はさらに大きくなる。基本的に「お客様」待遇と「禁止」は明らかに相性が悪い。禁止と待遇性が複雑に絡み合った結果，ほとんど面妖といいたくなるような表現が生み出されてくる。

　(7)　「～禁止とさせていただいております」

「させていただく」については第 15 章でも触れるが，禁止と重ねる使い方をすると待遇の関係がわからなくなる。「禁止とさせていただいております」という表現をインターネット検索エンジン「Google」の完全一致検索で探したところ，約 689,000 件がマッチした（2014 年 1 月 7 日閲覧）。この表現形は，行為については禁止という強制，行為を禁止するという行為についてはへりくだり，受け手に対しては敬語待遇という組み合わせになっている。この待遇性を理解するのは難しい。

　一方で，発想の転換と待遇性の面白い関係を示す例があることにも触れておきたい。これまで見てきたのはすべて否定形による禁止だったが，同じ結果を生じさせることは，発想を変える（つまり反対の行為を奨励する）ことによっても可能となる。バスの車内で見かけた例である。

図 13-4　忘れずにお持ち帰りください
（小田急バス車内［2014 年 1 月，滝浦撮影］）

これは，「ゴミ捨て禁止」ないし「ゴミ放置禁止」に相当する内容を反転させて表現した，いわばポジティブな禁止と呼ぶべきものである。「お

持ち帰りください」というれっきとした敬語が使われているが，受け手のポジティブな行為に言及しているため，敬語待遇があっても問題は生じない。その意味で，第7章でも挙げたトイレでの呼びかけ，

(8) 「いつもきれいにお使いいただき，ありがとうございます。」

の類も同じである。

このことから，あることがわかる。それは，待遇性が特に厄介となるのは，実は否定的な禁止との相性の問題である。概略的にいって，

　　禁止のネガティブ表現では書き言葉的無待遇
　　禁止のポジティブ表現では話し言葉的有待遇

というコントラストが浮かび上がってくる。人に関わると世界はシンメトリックではなくなる，という好例である。

3. 多言語掲示

ここでもう一つ，別の禁止の掲示を見てみたい。

ここでも，前節で述べられたような，文言にまつわる問題がある。表題が「お願い」という依頼の形であること，上部2行及び囲みの中の文

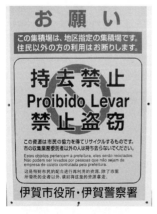

図13-5　持去禁止
　　　　（伊賀市内［2013年9月，滝浦撮影］）

がいずれも「です・ます」の形で書かれていること，そして，最も目立つメッセージが「持去禁止」という漢字4字を使った語句の形で書かれていることなどは，この表示が読み手に対する待遇の考慮と，市役所や警察署といった表示主の立場との兼ね合いを考慮したものであることが感じ取れる。一方，同時にこの表示にはもう一つ，明らかに特定の「受け手」を想定していることがわかる部分がある。それが多言語表示の部分である。

　言語は「ウチ」と「ソト」とを分かつ働きを持っている。このことを端的に示したのが，旧約聖書の「シボレス」の逸話である[2]。このことを日本語文化圏における対人関係の様相に当てはめてみれば，自分と同じ言語を共有していれば「ウチ」の対人関係になり得るが，そうでなければ「ソト」の対人関係を超えることは難しいかもしれないということになる。では，私たちは言語を共有しない人に対してどのような態度を取り得るのか。ここではその一つのあり方を示す理論を紹介する。

コミュニケーション調節理論

　私たちは他人と話をすると，自分と相手との話し方が似ているか違うかに気づくことが多い。例えば，相手は自分より早口だとか，自分が話すのとは違う方言を話すとか，今自分たちが話すのに使っている言語があまり流暢ではないなど，様々なレベルでいろいろなことに気づく可能性がある。このような，様々な言語的・非言語的な側面を含めた「話し方」のことを「コミュニケーション・スタイル」と称すが，このコミュニケーション・スタイルの異なる相手と話す場合に取り得る方法に「同化」「異化」「維持」の3通りがあるといわれている。「同化」というのは，自分の話し方を相手の話し方に合わせることである。相手がゆっくり話すなら自分もゆっくり話す，自分が方言で話しかけたのに相手が共

---

[2] 旧約聖書　士師記　12：4-6　にある話。ギレアデ人がshibbolethの［ʃ］の発音ができるか否かで敵であるエフライム人を区別したとされる。

通語で返してきたら自分も共通語に変える，などが「同化」の例になる。
「異化」というのは，相手と自分のコミュニケーション・スタイルが異なることを認識した上で，意図的に相手とは異なるコミュニケーション・スタイルを選択することである。最初に自分が方言で話し，相手が共通語で返してきたら，最初に使ったのよりもっと局地的な方言を使う，相手が自分より早口で返してきたら最初よりもっとゆっくり話す，などが「異化」の例となる。「維持」というのは，相手と自分とのコミュニケーション・スタイルが違っていることに気づいても，それまで自分が用いてきたコミュニケーション・スタイルを変えないことである。自分が方言で話しかけた相手が共通語で返してきてもそのまま方言を使い続ける，相手がどんな速度で返してきても自分の話す速度を変えない，などが「維持」の例になる（太田，2000）。

　言語が「ウチ」と「ソト」を分ける力を持っているということと，上記の3つの方略を照らし合わせて考えてみると，相手と自分とが違うことを強調することになる「異化」という方略には，明らかに「ウチ」と「ソト」とを分けたいという意向が表されているように感じられるであろう。一方，相手が使う言語に自分の言語を合わせることは，かなり積極的な「同化」の方略であると考えられる（八島，2012）。

　「コミュニケーション調節理論」は，もともと口頭言語を用いたコミュニケーションを念頭に置いて構想された理論である。しかしながら，相手を「ウチ」に入れようとする意向があればこそ，相手と自分との差異を減らす方向性を持つ「同化」という方略を取ることが考えられる。その意味では，様々な表示を日本語以外の言語で行うということは，その表示に使われている言語の使用者への歩み寄りの姿勢であるとみることができる。その意味で，次の表示（図13-6）などは，地域に住んでいるなるべく多くの人に対して歩み寄ろうとする姿勢の表れであるとみる

図 13-6　避難所
（伊賀市内 [2013 年 9 月，滝浦撮影]）

ことができる。

　しかしながら，ここで再び考えなければならないのは，相手への歩み寄りが過ぎると相手の領分を侵してしまうという，これまで何度も出てきた対人関係のジレンマである。コミュニケーション・スタイルの面で相手に歩み寄り過ぎてしまって相手に失礼になってしまうというのは，例えば相手が自分よりゆっくり話すことに気づいた場合に相手よりもっとゆっくり話したり，相手が言語的に流暢でないとわかった場合に必要以上に簡単な語彙や言い回しを使ったり，相手をまるで子ども扱いするような言い方をしてしまう場合などがある。その言語が母語ではない人に対して非常に簡単な言葉のみを使って話す「フォリナー・トーク」や，高齢者に対する妙に親しげな口調などもこの例に当たるが，このように，相手に対しての同化の度合いが過剰である場合を「過同化」という。「過同化」が行われた場合，そのように接遇された相手は，自分が馬鹿にされているような感じや見下されているような感じを受けてしまうことがある。相手に歩み寄ろうとすること自体は悪いことであるとはいえないが，過ぎたるは及ばざるが如し，なのである。

　その点を考えると，「維持」という方略の利点も見えてくる。例えば

相手が自分とは異なる集団に属しているとみなせる場合——例えば，若者からみた高齢者や，日本語話者から見た外国語話者はこの例に当たる——に，相手が「同化」を必要としている程度がわかるまでは，「維持」の方略を取るということも，社会的対人距離を考えれば，有り得ない選択肢ではない。但し，相手が「同化」を必要としていることがわかっているにもかかわらず「維持」の方略を取り続けるとなると，これはもはや「ウチ」と「ソト」とを分けるコミュニケーション・スタイルでしかない。この辺りの按配については，本来は対人関係を構築していく中で見定めていくことができればそれに越したことはないが，公共圏という一対一の対人関係が作れない場では「過同化」の危険を冒してでも歩み寄りの姿勢を見せることに意義があり得る。このことは次節で再び触れる。

4．禁止の記号

　本章の最初の方で述べてきた様々な「禁止の表示」には，文字で書かれた文言だけでなく，それを文字言語を使わずに表そうとして工夫された図像が添えられていた。これらの図像は，理想的には，そこで表示されている内容が文字言語を使わずに理解できるように表現されていることが望ましいと思われる。例えば，図 13 - 7 などは，左上から右下に向けて引かれた赤線（図 13 - 8）の意味が分かれば，この図像の意味は理

図 13 - 7　禁煙マーク3)

図 13 - 8　一般的禁止マーク3)

3）http://www.ecomo.or.jp/barrierfree/pictogram/picto_006.html
2014 年 2 月 20 日参照

解できるであろう。しかし，その「左上から右下に向けて引かれた赤線」が「禁止」を表すということは，自明の理ではない。例えば，なぜこの線は右上から左下に向かって引かれたものではないのか？　なぜ「禁止」を表すなら×印でもよさそうなのに，「左上から右下に向けて引かれた赤線」でなければならないのか？　答えは，「そう決まっているから」である。つまり，この図像は「禁止」という概念を表現するための「記号」なのであり，その意味はそれぞれの言語文化で学習しなければならないものなのである。

　中西（2011）は「記号は，様々な形で現われる。それは，ことばとしての言語記号であったり，標識の図像であったり，写真やイラストであったり，ファッションスタイルであったりする。」（p.110）と述べ，記号には「物事を指す」という働きと，「記号が意味を生み出す」という機能とがあることを論じている（pp.110-111）。前者は「先にメッセージ内容があって，それを記号で表すという働き」（p.110），即ち『記号は物事を指し示す道具である』という考え方」（p.110）に基づいている。上記の「禁止」の記号は，この端的な例である。

　一方後者は「記号による表現や図柄などが，何らかの意味や価値を産出するものとして存在することが想定され」（p.111），「ある特定の場で，特定の人々にとって，特定の意味や価値を生み出している」（p.111）ものである。これは即ち，どのような場で何を禁じるかということが，その社会が持っている価値観を反映するということにつながる。日本では電車の中での携帯電話による通話は禁止されていることが多く，そのこ

図13-9　携帯電話使用禁止マーク[3]

とは図13-9のような記号で示されている。が，韓国やヨーロッパの国では電車内での携帯電話の通話が禁止されていないところも多い。このことは，日本という文化が，電車内という公共の場に携帯電話での通話という私的なコミュニケーションの空間が入り込むのを嫌う（吉見，2004），という価値観を表現しているといえる。

　さらに，多言語表記の表示については，多言語で表記するということ自体に日本語を必ずしも解さない人への歩み寄りの姿勢を見せるという意義があることを，前節で述べた。この点はまさに，多言語表記の表示を出すこと自体が，「何らかの意味や価値を産出するものとして」（中西，2011，p.111）その表示が存在しているといえる。即ち，多言語で表記されている禁止表示は，その表示で禁止されている内容を当該者に伝達するという機能だけでなく，その表示を見る人に対して，「このコミュニティは日本語を解さない人も受け入れる用意があります」という地域全体で共有している価値観を表す機能を果たしているといえるのである。

　一方，まったく同じ表示が別の機能を果たすことも考えられる。即ち，その表示が何語で示されているかということは，このような表示を誰に向けて示すべきであると表示主が考えているかを反映しているともいえるのである。特に禁止表示の場合，それを多言語表記にすることは，その表示によって禁止されているようなことをやるのはそこに書いてある言語を使う人であろうというステレオタイプ（あるグループの中の一部の人に見られる特徴をそのグループのメンバー全員に当てはまるものと考えてしまう型にはまった見方）が現れていると見ることもできる。その意味では，多言語表示はそれを採用するコミュニティにとって両刃の剣にもなってしまうのである。それが，対象が明確でないという特質を持つ公共圏のコミュニケーションの難しさでもあろう。

引用文献

Brown P. & Levinson S.（1987）*Politeness : Some Universals in Language Usage.* Cambridge University Press.

太田浩司（2000）「異文化集団間におけるコミュニケーション理論」〈西田ひろ子 編〉『異文化間コミュニケーション入門』第5章（pp.184-214）創元社.

滝浦真人（2010）「ポライトネスと語用論 ―"はだかの命令形"の考察から―」〈上野善道 監修〉『日本語研究の12章』明治書院.

中西満貴典（2011）「記号とは何か」〈板場良久・池田理知子 編著〉『よくわかるコミュニケーション学』第6章第1項（pp.110-111）ミネルヴァ書房.

八島智子（2012）「言語によるコミュニケーション」〈八島智子・久保田真弓 著〉『異文化コミュニケーション論：グローバル・マインドとローカル・アフェクト』第3章（pp.85-113）松柏社.

吉見俊哉（2004）『メディア文化論：メディアを学ぶ人のための15話』有斐閣.

●本章前半は以下と一部論点が重複する。

滝浦真人（2014）「話し言葉と書き言葉の語用論―日本語の場合―」〈石黒圭・橋本行洋 編〉『話し言葉と書き言葉の接点』ひつじ書房.

14 | 異文化間のコミュニケーション

大橋理枝

《学習のポイント》
・文化の定義について把握する
・文化のモデルについて理解する
・文化の機能について理解する
・記号化の等価性及び言語決定論・言語相対論について理解する
・異文化間コミュニケーションについて理解する

1. 文化とは

文化の定義

　末田・福田（2011）が「コミュニケーションの定義が無数にあるように，文化の定義もまた無数にある」（p.57）と指摘しているように，「文化」を定義することは「コミュニケーション」を定義することと同様に困難である。岡部（1996）は「社会科学の文献にはおよそ100以上の定義がリストされている」（pp.41-42）とした上で，「ある集団のメンバーによって幾世代にもわたって獲得された知識，経験，信念，価値観，態度，社会階層，宗教，役割，時間—空間関係，宇宙観，物質所有観といった諸相の集大成」（p.42）と定義している。池田・クレーマー（2000）は，「文化とはその文化の構成員なら誰でも知っている，あるいは身につけている，いわば共通の知識とでもよべるようなものだといえる」（p.15）と述べている。根橋（2011）は文化を「学習され，ある集団の成員

に共有された思考や行動の枠組み」(pp.135-136) としている。石井・久米 (2013) は，これまでに提示された幾つかの文化の定義を概観した上で，「文化とは自分の所属している集団，自分の居住している地域などでは『あたりまえ』とされている共通の『考え方』『行動の仕方』『ものの見方』『対処の仕方』」(p.14) であるとし，「ある状況においてどのように振る舞えばよいのかについて瞬時に判断するときに個々人が知らず知らずに基準としてとらえているルールのようなものの集大成」(p.14) であると述べている。板場 (2010) は「文化とは，集団生活を営む人間が，自然状態から解放されつつも，自然を利用し，自然とともに生きていくために後天的に学ぶものであり，同時代の人びとへ広まったり，次世代の人びとに継承されたりする認識や実践，あるいは創造的構築物である」(p.12) と述べた上で，そのあいまいさを指摘し，「文化には厳密で決定的な定義が存在しないということであり，意味を安定（確定）させることができないということである」(p.12)，と結論づけつつ，「文化の多様な定義を知ることの大切さ」(p.12) を説いている。

文化のモデル

　ここでも文化をモデル化して示すとわかりやすい。これまで多く使われてきたのは，次に示す「氷山モデル」(図14-1) と呼ばれるものである。このモデルでは，文化には「見える文化」と「見えない文化」とがあるとする。私たちが実際に目にすることができる文化の諸相は，氷山でいえば海面上に出ている部分であり，具体的には言語，衣食住，芸術作品などである。が，それらの背後にはそれを成り立たせている考え方や価値観などがある（例えば，日本語で敬語が発達しているのは日本文化の考え方の中に相手に対する敬意を表すことを重視する考え方があるからだといえるし，着物を着た場合に肌の露出度が少ないのは日本文

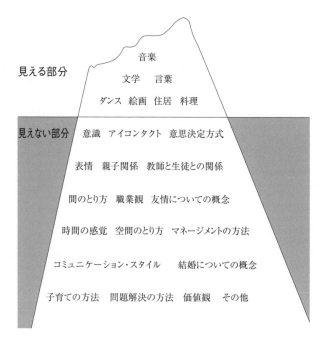

図14-1　氷山モデル（八代京子・荒木晶子・樋口容視子・山本志都・コミサロフ喜美 (2001)『異文化コミュニケーションワークブック』三修社　p.25, Odenwald, S. B. *Global Training : How to Design a Program for the Multinational Corporation.* Viginia : ASTD, 1993, p.47 に基づいて作図）

化の考え方の中に肌を露出させることを善しとしない考え方があったからだといえる）。それらはまるで氷山の海面下に隠れた部分のように，私たちにとって直接目にすることはできない部分であり，目にすることができる部分よりはるかに多くの要素を含む。そして確実に「海面上」の「目に見える」部分に影響を与え，実際にその文化の一員となっている人たちにとっては無意識のうちに行っている行動や考え方となっている。石井・久米（2013）は文化を「人々がそのような常識あるいは了解事項に向かって考え方を収斂してこそ，共同生活が円滑に営める」

(p.14) ような「常識」や「暗黙の了解事項」であるとも述べているが，この「見えない部分」こそがその「常識」や「暗黙の了解事項」を形成しているといえる。

　この「氷山モデル」をさらに発展させたモデルとして，石井・久米（2013）は「島モデル」を紹介している（図14-2）。この島モデルの考え方は，それぞれの文化は先に述べたような氷山モデルのように海面上に見える部分と海面下で見えない部分とがあるが，さらにそれらが海底部分でつながっているとするものである。個々の文化が大海の中の氷山のように個別に浮いていると考えてしまうと，昨今目覚しい「グローバリゼーション」（「地球規模で世界が一体化し，均質化していくこと」古家，2013，p.40）やイノベーション伝播の結果起こる異文化屈折現象（ある文化の中に新しい物・考え方・行動様式などが取り入れられていく際に，その文化に合った形に変形されること）などがうまく説明できなくなる可能性がある。一方，様々な文化も基底部分でつながっていると考えれば，個別文化を超えた共通性などの可能性を考えることができるようになると思われる。

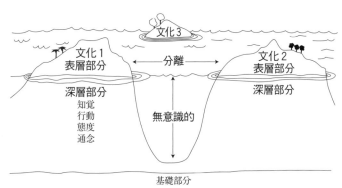

図14-2　島モデル（石井敏・久米昭元・長谷川典子・桜木俊行・石黒武人（2013）『はじめて学ぶ異文化コミュニケーション：多文化共生と平和構築に向けて』p.18，有斐閣より）

2. 文化の機能

　岡部（1996）は文化の機能として,「学習性・伝承性」「規範性」「意味付与性」「永続性」の4つを挙げている。

　「学習性・伝承性」というのは, 文化は生まれつき身に付けているものではなく, 人がある社会の中で生活する中で学んでいくものであり, またその伝承も自然に行われるのではなく, 意図的に行わなくてはならないものであるという側面を述べたものである。例えば, 日本では初対面の人に対してはお辞儀をしてあいさつするものだということは, 日本で生活する中で周りから教わるものである。

　「規範性」については, ある文化を身に付けた人はその文化の規範に従うことが求められるという側面を述べている。例えば, 日本には初対面の人には丁寧に接するのが礼儀である, という文化的規範があるため, 日本の文化を身に付けた人は初対面の相手に対して最初からくだけた言葉づかいはしないことが期待される。

　「意味付与性」については, 同じ文化を身に付けた人は同じ事柄に対しては同じ意味づけをするという側面を述べたものである。例えば, 日本で初対面のときから相手に対してくだけた話し方をする人は, 日本の文化を身に付けた人からは「失礼な人」「礼儀を知らない人」という意味付与がなされてしまう。

　「永続性」については, 一度形成された文化は途絶えることなく続いていくという側面を述べたものである。この点に関しては石井・久米（2013）が「時々に変化するコミュニケーションによって生み出された文化は, 次世代に引き継ごうとする動きがあるのが一般的だが, 引き継ぐ新世代の方にはそれを引き継がない自由もあり, さらには時代や状況の変化などの影響も受けるため,『バージョンアップ』に向けた動きが

常に加えられ，変化しているととらえられよう」（p.14）と述べて，文化は永久不滅で不変ではないと指摘している。例えば日本では以前ほど電車の中で高齢者に対して席を譲らなくなってきた。このことは「長幼の序」を重んじる日本の文化が次世代によって必ずしも継承されずに変化してきていることを示す事例であるともいえる。もしかしたらこのことは現代の日本の若者の敬語の使い方にも影響を与えているかもしれない。

3．文化と言語の関係[1]

　言語というのは紛れもなく文化の中の「目に見える」部分であるが，もちろんあらゆる言語は「目に見えない」文化の影響を非常に強く受けている。文化と言語の密接な関係について，2つの観点から整理する。

言語記号の等価性
　末田・福田（2011）は，翻訳・通訳を行う際に2言語間に生じ得る問題を，5種類の等価性という形で整理している。
　最初に一番小さな単位として「語彙の等価性」がある。これは，メッセージの送り手が記号化に使った語彙と同じものを指す語彙が，メッセージの受け手が記号を解読する際に利用できるかどうかという問題である。例えば，日本語の「紙」という語で指示されている物体は英語圏にも存在するため，それを指示する語彙（paper）も存在する。一方，日本語の「硯」という語で指示されている物体は英語圏には存在しないため，それを指示する語彙も存在しない。次に，語を組み合わせた表現全体で何らかの意味を表現する（即ち個別の語の意味を合わせただけでは意味が通らない）「慣用句の等価性」がある。例えば，日本語の「弘法に

---

1) 異文化間コミュニケーションは必ずしも異言語間コミュニケーションであるとは限らない。最近は英語がリンガ・フランカ（「母語が異なる人々の間で意思伝達のために使われる通商語，あるいは共通語のこと」石井，2013，p.276）化していることに伴い，非母語話者同士が英語で話す機会が増えたといわれる。

も筆の誤り」はそのまま英語にしてもおかしなことになるが，同じような意味を表す慣用句は英語にもある（"Even Homer sometimes nods."）。しかし，「暖簾に腕押し」となると，英語には等価性のある慣用句はない。

　その上のレベルとして「文法的等価性」がある。日本語の「〜している」という状態は，英語でも現在進行形の形でほぼ表現できるが，日本語には英語の現在完了形に当たる文法形式がないために，英語で現在完了形を使って表現されたものを日本語に訳すのは難しいことが知られている（末田・福田，2011）。

　さらに，「経験的・文化的等価性」の問題がある。メッセージの送り手が経験したことを記号化した際に，受け手が同じ経験を経ていない場合にはその記号の解読に困難を生じることが考えられる。日本では珍しくない「林間学校」に当たるものはアメリカにはないため，この経験を伝えるためにはかなり補足説明が必要である（末田・福田，2011）。また，アメリカでは珍しくない day camp（夏休みなどに子供たちを集めて料理教室や水泳教室など様々な活動を行うプログラムだが，泊りがけではなく家から通うのが普通）も日本にはあまり普及していないため，経験的・文化的等価性のある表現は見当たらない。

　最後に，「概念の等価性」の問題が挙げられる。例えば「時間」という概念自体は双方にあっても，「時間とは過去から未来に向けて一直線に流れるものである」とする時間の概念（例えば「過去を振り返る」「未来を見据える」などという言い方に現れるような時間の概念）と，「時間とは循環するものである」とする時間の概念（例えば十干十二支を使って年を表したり，「時が廻る」という言い方に現れたりするような時間の概念）とでは，「時間」という概念について等価性があるとはいえない。メッセージの送り手と受け手とがこのように異なる時間概念を持っ

ていると，送り手が行った記号化と受け手が行った記号の解釈との間に齟齬が生まれることは想像に難くない。

　このように考えたとき，通常の文化内コミュニケーションは，メッセージの送り手と受け手との間でこれらの等価性が得られていることを想定して行われているといえる。一方，異文化間コミュニケーションというのは，メッセージの送り手と受け手との間でこれらの等価性が得られていない可能性を含んだままコミュニケーションが行われているといえる。注意しなければならないのは，これらの等価性が本当は得られていないにもかかわらず，そのことに気づかないまま，等価性が得られていると思い込んだままコミュニケーションを進めてしまうことである。語彙，慣用句，文法の等価性については，「見える文化」の範囲におさまることが多いので，等価性がない場合に比較的そのことに気づきやすい。一方，「概念の等価性」や「経験的・文化的等価性」は「見えない文化」の範囲が関わってくるので，等価性が得られていないことに気づきにくいといえるだろう。

言語と考え方

　氷山モデルでは言語の背後には考え方があるとされたが，実際には言語が私たちのものの見方に影響を与えるのではないかという説もある。「言語決定論」と呼ばれる考え方がこれに当たり，この説では「言語は思考を決定する」と考える。例えば日本語には「水」と「湯」という言葉が別々に存在するため，日本語話者は同じ H_2O であっても温度の低いものと高いものとは別のものであると認識する。それに対し，英語には H_2O を表す日常語は water しかないため，温度が高い H_2O も低い H_2O も同じもの（が変形されたもの）であると認識される。さらに，ホピ語でも H_2O を表す語は2つあるが，温度の高低で区別するのではな

く，人間に捕われたものであるか，自然界にあるものであるかによって区別するという（石井，1996）。そのため，日本語話者と，英語話者と，ホピ語話者では，H_2O に対する捉え方が異なるはずであり，それはそれぞれが用いる言語の違いが原因である，とするのが言語決定説の考え方である[2]。

　この説に対しては，私たちが使う言語はその文化の影響を受けるとする「言語相対論」の考え方が提唱されている。この説によれば，日本では温度の高低によって水の状態を区別する必要があったからこそ，それぞれに別個の名称を与えたのであって，そのことが温度の高い H_2O と温度の低い H_2O を別のものであるとみなしていることには直結しない。同様に，ホピ族の間では，H_2O が自分たちの手元にあるかないかを区別することが必要だったからこそ，それぞれを示す語が存在するに過ぎず，そのことが直接ホピ語話者のものの見方を規定しているわけではないとする。

　この「言語決定論」と「言語相対論」の議論は半世紀を優に超えてまだ続いているし，それぞれの説を支持するとして提示されている研究結果にも問題があるという指摘もなされている（橋元，1997）。末田・福田（2011）は「現在では言語相対論の立場を支持する研究者の方が多いようだ」（p.116）としている一方，桜木（2013）は「言語を介さない思考の存在が心理学における実験研究で確認されるようになると，言語決定論の立場は否定された」（p.111）としつつ，「これまで行われてきた実証研究の結果を概観すると，言語相対論を支持する結果はそれほど多くなく，その内容も少なくとも現時点においては概して末梢的といわざるをえない」（p.113）としている。

　それでも私たちは，第4章で挙げられたあいさつに用いられる言い方が言語によって違うことをみると，言語と文化とが何らかの形で関わっ

2）池田・クレーマー（2000）は，日本語でも英語でも区別する「水」と「氷」をマレー語では区別しない例を挙げている。

ていること自体は否定できないように感じる。そして，私たちの考え方も文化によって大きく影響を受けていることを考えると，言語―文化―思考のつながりを断つことはできないのではないかと思わざるをえない。

4. 異文化間コミュニケーションとは

　このように考えてみると，私たちが通常行っているコミュニケーション行動は，私たちが生活している文化の中で行っているものであると考えられる。私たちが考え・感情を記号化する際には，日本語文化圏で通常行われているやり方に沿って行うし，メッセージの送り手から受け取った記号を解釈する際にも，日本語文化圏で通常行われているやり方に沿って相手が記号化を行ったものと考えてそれを解釈しようとする。さらには，どのような場面で，誰が，誰に，何を，どのように，言うべきか，というのは，すべて日本語文化圏というコンテクストの中でこそ，その解があり得るのである。逆に言うと，日本語文化圏を離れてしまえば，どのような場面で誰が誰に何をどのように言うべきかという問いに対する共通の解はない。それぞれが自分の文化の規範に沿った解を持っているのみである。もちろん，複数の文化規範を知っている人は複数の解を持っていることになるし，記号化や記号解釈の方法についても複数の可能性を考えられるということになる。

　例えば，筆者がアメリカに留学していた間，車を持っているアメリカ人の同級生がよく「足が必要だったら乗せてあげるから言ってね。」と言ってくれた。これは明らかに車を持っていない留学生である私に対しての気遣いが記号化された言葉であった。一方，日本では同じ気遣いを「乗せてあげようか？」という形で記号化するかもしれない。また，記号化されたメッセージの解釈も，日本とアメリカとでは異なってくるか

もしれない。日本では「乗せてあげようか？」というメッセージをこちらの状況を察してくれたことを有難く思いながら解釈するのに対し，アメリカでは頼んでもいないのにお節介であるという解釈がなされるかもしれない。

　ここで第1章で挙げた対人コミュニケーションのモデルをもう一度思い出して頂きたい。このモデルでは，人物Aと人物Bとは同じ規範に沿って考え・感情を記号化し，それを解釈するという形で示されていた。このモデルを異文化間コミュニケーションのモデルに発展させると，次のように描き替えられると思われる。即ち，人物Aが考えや感情を記号化し，人物Bにメッセージとして送ったとしても，人物Bは人物Aとは異なる枠組みに従ってその記号を解釈する可能性があるということである。また，まったく同じことが人物Bが人物Aに対してメッセージを送った場合にもいえる。

　ここで非常に大切なことは，人物Aが持っている記号化や解釈の枠組みと，人物Bが持っている記号化や解釈との枠組みとを比べて，どちらが勝っている／劣っているということはないという点である。人物Aと人物Bとはそれぞれ異なった枠組みを用いて記号化，記号解釈を行っているだけであり，そこに違いがあることを認識する必要はある（例えば

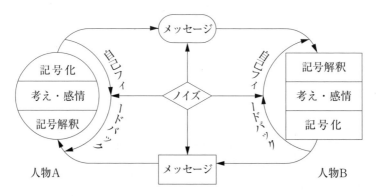

図14-3　対人異文化間コミュニケーションのモデル
　（『異文化間コミュニケーションへの招待』p.57，北樹出版および『異文化コミュニケーション・ハンドブック』p.9，有斐閣を参考に作成）

初対面のあいさつでお辞儀／握手／キス／ハグをするかの違いなど)。そして，例えば日本語文化圏というコンテクストの中で行われるコミュニケーションであれば，その文化圏にある規範にそった形で記号化・記号解釈を行う人が圧倒的多数になることは想像に難くない（すなわちお辞儀をする人が多い)。しかしながら，その中でも，異なる形で記号化・記号解釈を行うことが「悪い」ことであるかというと，そうではない。枠組みが異なれば「記号化」と「記号解釈」との間にずれが生じる可能性が高まるため，お互いに理解しにくくなることは十分あり得る。しかし，それでもそこにあるのはあくまで「違い」であって「正誤」や「優劣」ではない。

　自分が習慣的に行っている様々な記号化は，実は日本語文化圏というコンテクストの中で自分が文化を身に付ける過程で学んだことであり，他の人は他の文化圏というコンテクストで他の記号化を学んだのである。例えば，日本では「親しき仲にも礼儀あり」という価値観が重んじられ，親しい相手に対しても「ありがとう」を言う。一方中国では親しい相手に対して「ありがとう」と言うとかえってよそよそしく感じられるため，敢えて「ありがとう」を言わないという。コミュニケーションは各人が身に付けた文化の影響を受けるため，日本語話者の人が，相手が「ありがとう」と言うことを期待する場面で，中国語話者の人はそれを言わないかもしれない。日本語話者からすれば，中国語話者が期待にそわない言動をしていることになるが，この「期待はずれ」を「礼儀知らず」と捉えるのではなく，「記号化の違い」と捉えることが重要なのである。

　異文化間のコミュニケーションで生じる記号化と記号解釈のずれは，相手の記号化の枠組みを理解する努力でカバーするしかない。自分にとっての「当たり前」や「常識」は，相手にとっての「当たり前」や「常

識」ではないかもしれないのである。このことを肝に銘じておくことが，今後の多文化共生社会の中では必須の要件になるであろう。

引用文献

池田理知子・クレーマー，E.M.（2000）『異文化コミュニケーション・入門』有斐閣．

石井敏（1996）「言語メッセージと非言語メッセージ」〈古田暁 監修，石井敏・岡部朗一・久米昭元 著〉『異文化コミュニケーション：新・国際人への条件』改訂版 第4章（pp.81-100）有斐閣．

石井敏（1997）「異文化コミュニケーション」〈石井敏・久米昭元・遠山淳・平井一弘・松本茂・御堂岡潔 編〉『異文化コミュニケーション・ハンドブック』第2章（pp.7-11）有斐閣．

石井敏（1998）「文化とコミュニケーションのかかわり」〈鍋倉健悦 編著〉『異文化間コミュニケーションへの招待：異文化の理解から異文化との交流に向けて』第2章（pp.41-65）北樹出版．

石井晴子（2013）「リンガフランカ」〈石井敏・久米昭元 編集代表〉『異文化コミュニケーション事典』（p.276）春風社．

石井敏・久米昭元（2013）「異文化コミュニケーションの基礎概念」〈石井敏・久米昭元・長谷川典子・桜木俊行・石黒武人〉『はじめて学ぶ異文化コミュニケーション：多文化共生と平和構築に向けて』第1章（pp.11-34）有斐閣．

板場良久（2010）「文化を定義することの困難さ」〈池田理知子 編著〉『よくわかる異文化コミュニケーション』第Ⅱ章第1節（pp.12-13）ミネルヴァ書房．

岡部朗一（1996）「文化とコミュニケーション」〈古田暁 監修，石井敏・岡部朗一・久米昭元 著〉『異文化コミュニケーション：新・国際人への条件』改訂版 第2章（pp.39-59）有斐閣．

コミサロフ喜美（2001）「文化とは何か」〈八代京子・荒木晶子・樋口容視子・山本志都・コミサロフ喜美〉『異文化コミュニケーションワークブック』第1章第4節第2項（pp.24-27）三修社．

桜木俊行（2013）「言語コミュニケーション」〈石井敏・久米昭元・長谷川典子・桜

木俊行・石黒武人〉『はじめて学ぶ異文化コミュニケーション：多文化共生と平和構築に向けて』第5章（pp.109-134）有斐閣．

末田清子・福田浩子（2011）『コミュニケーション学：その展望と視点』増補版 松柏社．

根橋玲子（2011）「異文化間コミュニケーション」〈鈴木健 編著〉『コミュニケーション・スタディーズ入門』第6章（pp.135-157）大修館．

橋元良明（1997）「言語的コミュニケーションと思考様式」〈橋元良明 編著〉『コミュニケーション学への招待』第2章（pp.20-39）大修館書店．

古家聡（2013）「グローバリゼーション」〈石井敏・久米昭元 編集代表〉『異文化コミュニケーション事典』（pp.110-111）春風社．

15 | 日本語とコミュニケーション
―日本語のいま・これから―

滝浦真人

《**学習のポイント**》
・日本語の「乱れ」と「変化」をどう理解すればよいか考える
・新奇な表現として話題になる新しい形を具体的に検討する
・"敬意のすり減り"という側面が新奇な表現の出現と関係しそうなこと
・日本語コミュニケーションのポジティブ・ポライトネス化の傾向
・いまコミュニケーションに何が求められているかを考える

1. 乱れ？　変化？

　言語はつねに変化している。実際，学習と訓練を経なければ古典語を理解することができないほどに，日本語も変化してきた。そのことは皆が知っている。日本語はいま，この瞬間にも変化しているはずだ。たぶんそうなのだろうと皆が思う。けれども，自分の話している日本語の，どこがいま変化しているのかと考えると，よくわからない。日々耳にする流行語のような言葉や，若者などが使う意味のよくわからない言葉はあるが，ああいうものは「変化」ではないだろう。「変化」はまっとうなものだが，流行語や若者言葉は規範から逸脱した「乱れ」と呼ぶべきものではないのか。こうして「日本語の乱れ」という言い方で，新奇な言葉づかいの多くが語られることになる。

　最近の日本語で，これはまっとうな「変化」であるとおおむね決着し

たように思われる現象の代表は,「ラ抜き言葉」だろう。従来「見られる」「着られる」のように「られる」で言っていた形が,「見れる」「着れる」のように「ら」が落ちた形に取って代わられつつある現象である。本当は,取って代わられるというよりも,「(ら)れる」が表す意味のうち,「受身・自発・尊敬」のときは従来どおり「られる」で,「可能」の意味だけが「ラ抜き」の形として"分離独立"しつつあるというものである。

　これも当初は「日本語の乱れ」といわれた。しかし,少し視野を広げて見てみると,動詞のタイプとして「五段活用動詞」では,とうの昔に「可能」形が分離独立していたことに気づかされる。「読む」「言う」のような動詞には,「読まれる」「言われる」という形もあるがそれは「受身・自発・尊敬」の意味にしか使わず,「可能」の意味は「読める」「言える」という可能形(「可能動詞」と呼ばれる)が受け持つことになっている。この変化はずいぶん古く,中世末期ごろから始まり徐々に広まった。そのため,日本語動詞の二大タイプである五段(古くは四段)活用動詞と一段(古くは二段)活用動詞における意味と形の関係は,実は長いこと表15-1のようになっていた(子音と母音を分けたいのでローマ字で表記する)。それぞれ「読む」と「見る」で例示する。

表15-1　受身・自発・尊敬・可能の表し方（ラ抜き以前）

	受身・自発・尊敬	可能
五段動詞タイプ	-areru 例： yom<u>areru</u>	-eru（可能動詞） 例： yom<u>eru</u>
一段動詞タイプ	-rareru 例： mi<u>rareru</u>	-rareru 例： mi<u>rareru</u>

見てわかるように，実はこの体系こそが"歪んで"いる。動詞のタイプと意味の系列が2つずつあるわけだから，体系としては2×2で整理されていればわかりやすい。ところが一方のタイプだけ先に「可能」の意味の分離独立が始まったために，体系は3×1という変則的なものになってしまった。もう一方のタイプがどうなったかというと，それよりずいぶん遅れて，しかし今よりは100年ほど前に，「来る」という一段タイプに近い「カ行変格活用」動詞で「来れる」というラ抜き形が現れ始めた。それを追うようにして，20世紀の終わりごろ一段動詞本体にラ抜きが及んだ，という顛末となる。まだ，長い単語（例えば「かんがえる（考える）」）ではラ抜き形が落ち着かない（「？かんがえれる」），書き言葉まではあまり浸透していないなど，過程は途上にあると見るべきだが，もしこれが完了するとすれば，表15-1は次のような体系へ（表15-2）と「変化」したことになる。

表15-2　受身・自発・尊敬・可能の表し方（ラ抜き以後）

	受身・自発・尊敬	可能
五段動詞タイプ	例：-areru yomareru	例：-eru（可能動詞） yomeru
一段動詞タイプ	例：-rareru mirareru	例：-reru（可能動詞） mireru
まとめ	-(r)areru	-(r)eru（可能動詞）

この体系では，一段タイプで「ら」が落ちるため，「まとめ」に整理したように，動詞のタイプの違いによらず，2つの意味の系列と形がきれいに結びついている。ラ抜きを支持する材料はほかにもあって，各地

の方言には，表15-2と似た体系が見られたり，あるいは「可能」形自体が「状況可能」（状況が許す／許さない）と「能力可能（能力がある／ない）」で分かれていたりする。つまり，時代の流れの中で，「受身・自発・尊敬・可能」という，現代の私たちからすればどうして1語でまかなえるのか不思議であるような単語から，最も能動的な意味を帯びやすい「可能」が分離したことには，十分理解できる事情があった。

2. 問題な日本語

　ラ抜き言葉は，このようにかなり明快な説明が可能なので，最近では「乱れ」と呼ばれることもあまりなくなった。一方で，近ごろよく耳にするがそんな日本語はないのではないか，あるいは単に誤った使い方なのではないか，と少なからぬ人が違和感をおぼえる言葉づかいがある。少し前に，そうした表現を集めて背景を解説した『問題な日本語』という本も話題となった（北原，2004）。

　そうした言葉づかいにはある共通点がある。一つには，人々が，そうした言い方の意味は理解できるが，頭の中にある様々なコミュニケーション場面での表現リストに"登録されていない"と感じることが違和感となっている。それらは，意味の点で規範を超えていたり，文法を逸脱しているように感じられる。「誤用とはそういうものではないか」といわれそうだが，もう一つの共通点として，それにもかかわらず，そうした言葉づかいが現れる背景事情が了解可能だということがある。

　問題な日本語の代表例として，次の文を考えてみよう（北原の本にもあるが少し変えてある）。

　　(1)「ご注文の方，以上でよろしかったでしょうか？」

"問題"とされるところは2点あって，「の方」が不要である，あるい

は余剰であるとの違和感と，注文しているのは今であるにもかかわらず「よろしかった」と過去形にするのはおかしい，というものである。これをどう考えればいいだろうか？

　まず，「の方」については，論理的にはもちろん不要なのだが，この言い方を日本語は大変好んできた（読み方はいろいろある）という事実が動かせない。例えば，人物を指すのに「北の方政所」といった言い方があるが，「北の方」と敷地内の相対的位置を言うことでそこに住んでいる人物を指すという大変婉曲的な言い方である。現代の日本語でも，仕事上の会話で「書類の方よろしくね」や「発注の方大丈夫？」といった言い方がまったく普通になされている。「ご注文の方」だけが悪いと言うのは無理がある。

　「よろしかったでしょうか」の過去形については2つのコメントができる。まず，各地の方言には，丁寧な話し方をするときに過去形を使うところがある。夜のあいさつが「おばんでした」，電話をかけてきた人が「もしもし，○△でした」と名乗る，「いま外出していて不在だ」ということを「外出してました」と言うなど。北海道や東北でよく聞かれ，(1)のような言い方は名古屋近辺でも聞かれた。実際，方言から標準語に入った可能性もある。が，背景事情はそれにとどまらない。

　表現を丁寧にしようとするとき，現在のことを過去形にして表現するという手法が，ポライトネスの表現としてかなり典型的だということがある。たしかに，客の注文は"いま・ここ"でなされているのだが，それをそのまま表現してしまうと，眼前の客を"言葉で指さす"ような強さが感じられかねない。そこで，"いま・ここ"を操作的に非"いま・ここ"に変えて表現するというストラテジーが生まれる。実際これは，ポライトネスのコミュニケーションとしてはネガティブ・ポライトネスの代表ともいえ，例えば英語のポライトネスでも常套手段の一つである。

「非現実」を表すと教わる仮定法は実は丁寧な表現に欠かせない。その仮定法の形は，今のことなら過去形で，過去のことなら過去完了形でという具合に，時を過去の方にずらすことによって行われる。それ以外でも，例えば"いま・ここ"の提案にほかならないものを過去形で言うことが控え目に聞こえるのは，ごく普通のことである。

(2) "I <u>was</u> wondering if it <u>might</u> be better for us to think it over."
「考えなおした方がいいんじゃないかと思ったんですが。」

日本語訳でも同じなのだが，これを現在形で「〜いいと思います」のように言うと突きつけるような強さを帯びやすい。"控え目"というネガティブ・ポライトネスを表現したいと思うなら，過去形にするというストラテジーは諸言語で有力な候補となる。

そのようなわけで，(1)のような言い方は，日本語が昔から利用してきた手法による，かつネガティブ・ポライトネスの表現としてまったく典型的な表現であると言わなくてはならない。一時流行してその後消えたということでもなさそうである。とすると，自分の表現リストにないというだけでこれを排除することは少々バランスを欠くことになろう。

「敬意逓減の法則」

"問題な日本語"には敬語関係のものも多く，敬語の乱れは日本語の乱れ，というような論調も珍しくない。敬語表現に関して誤用や勘違いが多いのは確かだし，判断に迷うことも多い。最近よく指摘されている表現として，例えば次のようなものがある。

「お〜になられる」（二重敬語）

「〜させていただく」（一方的な濫用）
「おいしくいただける」（敬意の強制？）

第9章で見たように，最初の例は単に動作主体に対する敬語だから尊敬語「お〜になる」で十分だし，次のものは自分が謙遜したいだけだから丁重語「〜いたす」を使えばよく，最後のものは，「食べられる」で済むところをわざわざ敬語にしたはいいが，「いただく」はへりくだりの丁重語だからメーカー側が使うのは誤り，といった具合である。

　実際そのとおりなのだが，しかしここでもやはり，こうした言い方をついしたくなってしまうことの背景事情が見える。「敬意逓減の法則」という言葉を聞いたことはあるだろうか？　日本語学の草分けの一人，佐久間鼎が提唱した（佐久間，1936）。日本語に自分や相手を呼ぶ呼称がこれほど多いことの原因が，使ううちに相手への敬意はすり減り自分は次第に尊大化してしまうところにあると喝破した佐久間が，「敬意」は「逓減」するのが「法則」なのだとしてこう名づけた。

　一つだけ例を示そう。「お前」と「あなた」という呼称は今でも使うが，前者はすでに相手を下に見る語で，後者も等位か下扱いのニュアンスである。どちらも初めは高い敬意を持っていたのが，次第にすり減ってしまったためである。『日本国語大辞典』の説明を引く。

　「お前」
　江戸前期までは，敬意の強い語として上位者に対して用いられたが，明和・安永（1764〜81）頃には上位もしくは対等者に，さらに文化・文政（1804〜30）頃になると，同等もしくは下位者に対して用いられるようになり今日に至った。
　「あなた」

近世からは「おまえ」に替わって最高段階の敬意を表わす対称代名詞の用法が，上方では宝暦（1751〜64）ころから，江戸では明和（1764〜72）ころから見られる。文化（1804〜18）ころからは敬意の下限がさがり，近世末期には対等に使われる例もあるが，大正・昭和の初期までは比較的高い敬意を保った。しかし，今日では敬意が低下し，目上の者に対しては使われない。

「お前」と「あなた」がちょうど入れ替わる形で役割を交代したことがわかるが，それと同時に，「高い・強い敬意」の持続する期間は意外に短く，すり減ってゆくスピードも速いということがわかる。
　呼称は相手との関係を直接的に反映するためこれほどはっきりした変化となる面はあるにせよ，敬語もまたこの「敬意逓減」と無縁ではいられない。敬語の距離感は必ず"＋α"の（つまり余剰の）何かとして表され，話し手としては，そうでなければ敬語を使う甲斐がないともいえる。その心理が，既存の敬語にどこか"敬意の不足"を感じさせやすくする面があるだろう。敬語が"丁寧過剰"になりやすい傾向もここから説明できる。
　先に挙げた3つの例についていえば，たしかに「お〜になられる」は不要に二重化された敬語なのだが，例えば「ご卒業になったんですか」と言ってみると，正しいはずなのに，「になった」という述語部分がどこか素っ気なく感じられてしまう（そして「れる」を加えると落ち着く）心理はあるだろう。「〜いたす」も，「明日休業いたします」で正しいはずだが，謙遜のニュアンスよりも一方的宣言のような構えと感じられて，「させてもらう」という関係表現の方が落ち着く感覚があるだろう。「おいしくいただける」はたしかに妙ではあるのだが，元々へりくだりの言葉だった「食べる」が「食う」に取って代わったのと同じように，へり

くだりの「いただく」が「食べる」に取って代わろうとしていると見ることもできる（井上，1999）。

このように，"問題な日本語"は，それを使う人の誤用や勘違いには収まらない問題を含んでいる。悩ましいのはたしかだが，人の悩みというよりも，日本語の悩みの表れといった方がいいのかもしれない。

3. 変わりゆくコミュニケーション

日本語のコミュニケーション，とりわけ明治以降の「標準語」をベースとしたコミュニケーションは，善かれ悪しかれ敬語に代表されるネガティブ・ポライトネスを軸として営まれてきた。しかし，「戦後」も半世紀以上が経過し，社会秩序も上下の"タテ"関係から親疎の"ヨコ"関係へとかなり比重を移した。何度か触れた上下関係における非対称性も平準化が進んでいるように見える。

このことは端的に，日本語コミュニケーションにおけるポライトネスのあり方を変化させつつある。日本語の"上下"は"上に触れてはならない"という上下だった。それが弱まるということは，"触れてよい"となり，現実場面でそれは"（上手に）触れる"ことが期待されることとなる。そのことのいわば受け皿として使われるようになった表現に，一般論として当てはまりそうな事柄に当てはめて用いる「〜じゃないですか」がある。目下から目上に対して，一定の距離感は保った上で，かつ目下側が主導権を取る形で話題を提供することのできる便利な表現として定着した感がある。旧来はクレームや念押しの表現だったものが，1990年代に新たな用法が出始めた。当初こそ耳障りな日本語として話題になったが，'97年に実施された「国語に関する世論調査」（文化庁）では，

(3)　「年末はどこの店も混むじゃないですか。」

という言い方が,「普通の言い方だと感じる」と「親しみのある言い方だ」を合わせて 75％ ほどに達するなど, 一気に認知度を上げた。この表現形は話し手主導であることが特徴で, (3)のように言われたらよほど異論がないかぎり同意するしかないため, (3)の話し手は「だから／それで…」と自分の言いたいことを続けることができる。

　ポライトネスの観点から解釈すれば, 相手が同意できそうな事柄を提示し同意を得ることができれば, 相手との「共通基盤」ができたことになる。共通基盤の上に自分の言いたいことを乗せてゆくという, 典型的なポジティブ・ポライトネスのストラテジーであるといえる。もっとも, 話し手の提示する事柄が聞き手の知るところでない個人的な色合いが濃くなると, 聞き手は同意しにくく, 話し手の強引な同意要求に不快感をおぼえることになりやすい。そうなると, ポライトネスは「インポライトネス（＝失礼）」に転じてしまう。このように, "触れる" ことは相手が不快に感じるリスクをつねに伴うという認識も必要である。

　ちなみに, (3)に相当する表現を持つ方言はいくつかあり, 例えば関西（大阪）方言では「〜やんか」「〜（ね）んやんか」という形がある。話し手が旧情報（聞き手も知っているであろう情報）を提示しつつ同意を求めたい場合が前者, 新情報（初出の情報）を提示しつつ同意を求めたい場合は後者という使い分けまで存在する[1]。そういう意味では, 標準語に欠けていた表現のパターンが補充されたと見ることもできる。

　"触れない" コミュニケーションから "触れる" コミュニケーションへの移行は, 実際人々の意識の中にどの程度あるのだろう？　いきなりそれを尋ねても答えは得られないが, 別の目的でなされた調査の結果が

---

[1] 標準語の「じゃないですか」にはこの使い分けがないため, 聞き手が知るはずのない個人的情報についてまで「私って長女じゃないですか」のように使われることがある。この用法は定着していない。

図らずも人々のそうした意識を明らかにしている事例があった。文化庁が毎年行っている「国語に関する世論調査」の中で，気配りなどの表現について，平成10年度調査で用いたのと同じ14の言い方を平成23年度調査で尋ねた。その結果，14のうち12の言い方で，使うとの回答が減少していた。そのまま解釈すると，現代の日本人は対人配慮を表さなくなったということになってしまうため，抵抗感があったのか，ほとんどコメントもされなかった。

　ところが，内訳をよく見てみれば，人々が使わなくなった表現がどのようなタイプのものか，実はかなりはっきりしていた。使用率が大きく減った言い方には次のようなものがあった。

(4)　使用率が減少した表現
　a　（食事を勧めるとき）「お口に合うかどうか分かりませんが。」
　　　平成23年度　44.8%　←　平成10年度　55.0%
　b　（料理を食べてもらった後で）「お粗末でございました。」
　　　平成23年度　27.3%　←　平成10年度　36.5%
　c　（人に贈物を渡すとき）「つまらないものですが。」
　　　平成23年度　60.8%　←　平成10年度　67.8%

これらはどれも，"日本語らしい"とされてきた典型的な配慮表現である。10ポイントもの大幅な減少は明らかな傾向の変化を物語る。これだけを見たら，"配慮しなくなった日本人"と言いたくなるかもしれない。しかし一方，わずか2つだが使用率の増加した言い方があった。（減少ではあるが）ほぼ横ばいだった一つと合わせて掲げる。

(5)　使用率が増加・横ばいだった表現

a　（誘いを断るとき）「お伺いしたいのは山々ですが。」
　　　平成 23 年度　40.3%　←　　平成 10 年度　35.0%
　b　（電話で呼んでもらうとき）「もし，お手すきでしたらお電話口までお願いしたいのですが。」
　　　平成 23 年度　28.0%　←　　平成 10 年度　27.7%
　c　（上達を認められたとき）「（先生・皆様の）おかげでございます。」
　　　平成 23 年度　52.3%　←　　平成 10 年度　53.2%

　これら 2 つのグループを見比べれば，はっきりした特徴に気づかされる。(4)は典型的な謙遜の表現，つまりネガティブ・ポライトネスの表現である。これに対し，(5 a, c)の断りの言葉と褒めへの応答は，"触れる"ことを指向するポジティブ・ポライトネスの表現であり，(5 b)の電話の言葉も，後半に比重を置いて見れば接触指向のポジティブ・ポライトネスの表現といえる。つまり，この 13 年間に起こっていたのは，ネガティブ・ポライトネスからポジティブ・ポライトネスへのかなり明白な選好の変化だったことになる。

　同じ調査では，公共の場で周囲の人に声をかけるかについての質問もあった。混んだ電車を降りるときや，劇場や映画館などで中央の席まで行くとき，周りの人に声をかけると回答した人が 70〜80% ほどいて，平成 10 年度調査と比べて 10 ポイントほども増加していた。言葉の内容は状況からして詫びのようなものになるが，声をかけるかかけないかという次元で見れば，見知らぬ他者との接触を持とうとする人が増えていることの表れと見ることができよう。人々のコミュニケーション意識は明らかに変わりつつある。

「いらっしゃいませ，こんにちは！」の怪

あいさつにも"新種"が出てきている。まだ評価の定まらないところがあるが，出現の背景についての解釈は可能なので，最後に触れておく。

(6) 「いらっしゃいませ，こんにちは！」

というのがそれで，コンビニやファーストフードなどのチェーン店から始まったが，スーパーのレジなどでも聞かれるようになり，2014年現在かなり多業種に広まっている様相を呈している。

インターネット上ではこのあいさつに対する批判的なコメントが多い印象がある。しかし内容を読むと，客の顔も見ずに遠くの方で「いらっしゃいませ，こんにちは」と言われても何も嬉しくないといった，あいさつの仕方に関する批判が目につく。言葉の内容について言うとしたら，「いらっしゃいませ」と「こんにちは」は別のあいさつであり，言うべき相手が違うのだから，一緒に使うことは矛盾である，という一点に尽きるだろう。

そのとおりなのだが，実はそれがまさにこのあいさつの眼目と言うべきものである。「いらっしゃいませ」と「こんにちは」の違いは，

「こんにちは」　→　知己の間柄であることの確認
「いらっしゃいませ」　→　知己とは限らない相手の恭しい迎え

と要約でき，(どちらも定型のあいさつという意味では比較的距離感が大きいが，) 二者の相対的な距離感の差で考えれば，「こんにちは」は"触れる"ことを指向するのに対し，「いらっしゃいませ」は"触れない"距離感を保つことで丁重であることを指向する。相対的にいえば，「こんにちは」がポジティブ・ポライトネス的，「いらっしゃいませ」がネ

ガティブ・ポライトネス的に機能するあいさつということになる。

　店にとって客との関係で悩ましいのは，いきなり親しげにふるまって馴れ馴れしい（インポライトネス）と思われては困るが，かといって，丁重な距離感のままでは相手に"触れない"ため，関係がよそよそしくなってしまうことである。そこで，2つのあいさつを両方言ってよいならば，（少なくとも理論的には）悩ましさを解決できることになる。まずネガティブ・ポライトネスの距離感で客を丁重に迎え入れた後，臨時的な人間関係ができたとみなして，今度はポジティブ・ポライトネス的な距離感で親しさを表現する。

　5年後にこのあいさつがどうなっているかは予測できないが，今ここで興味深いと思うのは，こうした現象の出現が，旧来の"触れない"コミュニケーション一辺倒では何かが足りないと人々が感じ始めていることの表れと考えられることである。近しい人間関係では当然"触れる"距離感のコミュニケーションとなるが，社会的な人間関係全体の中にもそれを取り込んでゆくことで，日本語のコミュニケーションはもっと動的で表情豊かなものに成熟して行ける可能性があるように思われる。

　スーパーのレジでも，「いらっしゃいませ」を言った後，「こんにちは」のタイミングでこちらの目を見て言う人に当たることがある。そうすると，こちらも何か一言返さなければという気分になる。そうして，スーパーのレジを通るときには一言言葉を交わすものだ，というポライトネスのコミュニケーションが新たな慣習となっている日本語，というものを思い描くのも悪い気はしない。

引用文献

井上史雄（1999）『敬語はこわくない　最新用例と基礎知識』講談社新書．
北原保雄編著（2004）『問題な日本語　―どこがおかしい？何がおかしい？』大修館書店．
佐久間鼎（1983［1936］）『現代日本語の表現と語法』くろしお出版［厚生閣］．

参考文献

滝浦真人（2013）『日本語は親しさを伝えられるか』岩波書店．

索引

●配列は五十音順，＊は人名を示す．

●あ 行

あいさつ　32, 53
あいさつ言葉　57
あいさつ内容　61
握手　54
あなた　228
アナログ面　15
暗喩　163
異化　201
維持　201
一般則として述べる　198
意図伝達　87
異文化間コミュニケーション　217
意味的上下関係　165
意味付与性　212
イメージスキーマ　162
依頼　91
依頼形　74
いらっしゃいませ，こんにちは！　234
隠蔽の窓　123
隠蔽領域　123
インポライトネス　231
隠喩　163
ウエ待遇　132
迂言　172
ウチ　124, 138
ウラ　124
裏づけ　150
永続性　212
会釈　54
遠隔化　99
遠隔的　72
縁語　178
負い目・恩義（indebtedness）　101

オースティン＊　90
お辞儀　54
オノマトペ　35, 181
お前　228
オモテ　124
折句　178
お礼　100
音象徴（sound symbolism）　183
音喩　187

●か 行

解釈　10
概念の等価性　214
概念メタファー　162
開放領域　123
会話的推意　80
会話の含み（conversational implicature）　80
学習性・伝承性　212
格率　78
掛詞　178
肩書　71
仮定法　227
過同化　203
仮名　35
可能　223
関係強化の段階　120
関係面　19
漢語　35
韓国・朝鮮語　28
漢語と漢字のレトリック　175
感謝　99
感情表示　46
漢文脈　195

換喩　164
勧誘　91
慣用句の等価性　213
擬音・擬態語　35, 181
擬音語　181
聞き手，聴き手　63, 133, 150
記号　204
記号化　10
擬情語　182
キス　54
擬声語　182
擬態語　181
規範性　212
忌避関係　130
義母語（mother-in-law language）　130
共感覚（synaesthesia）　184
共感的配慮　75
強調／和らげ　44
協調の原理（cooperative principle）　77, 78, 171
共通基盤　231
儀礼的状況　125
禁止　192
禁止のポジティブ表現　200
近接化　99
近接的　72
草野心平＊　187
グライス＊　78
敬意　128
敬意逓減の法則　227
敬意の強制　142
敬遠体（avoidance style）　130
経験的・文化的等価性　214
敬語　27, 128
敬語の視点　140
敬語の使用原則　136

敬語の分類　132
敬語の乱れ　134
敬称　128
系統関係　34
敬避的配慮　75
敬礼　54
結束の段階　120
言及回避　76
言語〈レトリック戦略としての〉　151
言語音声コミュニケーション　12
言語決定論　215
言語行為（speech act）　89
言語コミュニケーション　38
言語相対論　216
言語の6機能説　62
言語非音声コミュニケーション　12
言語メッセージ　37
謙譲語　132
謙遜　134
語彙の等価性　213
後悔　102
交感的機能　63
高コンテクスト・コミュニケーション　156
構造　150
効率性　81
国語に関する世論調査　230
呼称　27, 70
断りの文化差　95
コミュニケーション意識　233
コミュニケーション活動　20
コミュニケーション調節理論　201
コミュニケーションの回路　64
コミュニケーションの型　104
コミュニケーションの先行性　18
コミュニケーションの不可逆性　18

コミュニケーションの不可避性　17
固有語　34
コンテクスト　19, 155

●さ　行

サール＊　90
再謝罪　105
佐久間鼎＊　228
探り合いの段階　119
作法　66
参照点　169
恣意性　39
自敬敬語　140
自己開示　122
自己フィードバック　11
指示機能　63
事実性　168
事実的関連性　165
視線　56
親しき仲にも礼儀あり　32
親しさ　34
実践原則（maxims）　78, 171
失敗したコミュニケーション　16
質問形　74
失礼　231
詩的機能　63
私的領域　108
視点　136
シネクドキ（synecdoche）　165
島モデル　211
シミリー（simile）　163
社会的距離　88
謝罪　90, 99
謝罪の文化差　106
じゃないですか　230
儒教　28

儒教文化圏　26
準言語　49
状況可能　225
上下　34, 88, 131
上下のわきまえ　27
冗談関係　130
ジョハリの窓　123
親愛　138
親称　128
親疎　34, 88, 132
親族語彙　67
親族呼称　72
身体接触　47
身体の魅力による対人魅力　116
身体動作　45
シンボル　14
心理的距離　61
親和の状況　124
ステレオタイプ　206
ストラテジー　87
スピーチ　157
成功したコミュニケーション　16
生産性　39
清濁　183
責任逃れ　87
絶対敬語性　137
相対敬語性　137
疎外　142
訴求　152
素材の次元　135
ソト　124, 138
ソト待遇　132
尊敬語　132

●た　行

待遇性　192

対人距離　55, 69
対人配慮　75
対人魅力　116
代名詞　71
対話の次元　135
他者の評価による対人魅力　117
タテ　131
タブー　56
ためらい　74
力　88
置換　44
中国語　28
超越性　39
調整的動作　46
調節　44
直言　87
直喩　163
地理的・政治学的位置関係　26
沈黙　49
対句　175
出会いの段階　119
定型　65
定型詫び　104
低コンテクスト・コミュニケーション　156
丁重語　134
丁寧語　132
丁寧さ　34
提喩　165
適応的動作　46
デジタル面　15
手を振る　54
伝達効率　171
同化　201
頭音法則　186
等価性　213

統合の段階　120
同語反復　163
動作の客体　133
動作の主体　133
遠ざけ　130
トートロジー　163
時枝誠記＊　140
土下座　54

●な 行

内容面　19
中原中也＊　187
名前　71
二言語併用　33
二重敬語　227
二重性　40
日中韓関係　26
2人称単数代名詞　128
日本語／日本文化の独自性　26
人間関係像　140
ネガティブ・フェイス　85,192
ネガティブ・ポライトネス（negative politeness）　86, 100, 233
ノイズ　11
能力可能　225

●は 行

パーソナル・スペース　48, 85
ハグ　54
働きかけ機能　63
話し手のペルソナ　150
ハングル　35
反復　43
美化語　134
非敬語　143
非言語　53

非言語音声コミュニケーション　12
非言語非音声コミュニケーション　12
非言語コミュニケーション　38
非言語メッセージ　37
非定型　65
皮肉　162
批判　90, 91
比喩　162
比喩の文化性　166
比喩標識　163
表現効果　160
表語文字　35
氷山モデル　209
標準語　26, 230
表象記号（エンブレム）　45
表情的機能　63
開かれた窓　123
非連続性　40
フェイス　76
フェイス侵害行為（face threatening act ［FTA］）　90
フェイス侵害度　88
フェイス侵害の危険性　86
負荷度　88
物理的距離による対人魅力　116
物理的対人距離　48
普遍的音象徴　185
普遍の相　24
ブラウン＆レヴィンソン*　76
触れてはいけない　29
文化的伝承性　40
文法的等価性　214
変化　222
返報性の原則　124
ペンを借りる　73
母音の三角形　184
補完　44
補完性による対人魅力　117
ポジティブ・フェイス　85
ポジティブ・ポライトネス（positive politeness）　86, 100, 233
ほのめかし　76
褒め　99, 107
褒めへの応答　109
ポライトネス（politeness）　25, 76, 84, 121, 230
ポライトネス方略　122

●ま　行

枕詞　178
マリノフスキー*　64
身内敬語　137
見えない文化　209
見える文化　209
三上章*　140
乱れ　222
未知の窓　123
未知領域　123
宮澤賢治*　187
苗字　72
無意図的コミュニケーション，無意図コミュニケーション　16, 75
矛盾　43
無待遇　194
無秩序の状況　125
無配慮　74, 75
名詞化する　195
命令　90, 193
命令形　193
目上を褒める　107
目隠しされた窓　123
メタ言語的機能　63

メタファー（metaphor） 163
メッセージ 10
メトニミー（metonymy） 164
申し出 92
盲点領域 123
目的 150
文字謎 176
「問題な日本語」 225

●や・ら・わ行
ヤーコブソン＊ 62
約束 90
優先選好形式 95
要求 91
ヨコ 132
四字熟語 175
ラ抜き言葉 223
理由説明 96

理由の前置き 74
領域回避 108
類似性 165, 166
類似性による対人魅力 117
礼 56
例示的動作 46
レトリカル・コミュニケーション 145
レトリック 161
レトリック技法 153
レトリック戦略 151, 159
レトリック表現 35, 81, 161
論調 150
和歌のレトリック 177
和語 34
詫び 74, 99
詫びの談話 104
和文脈 195

著者紹介

滝浦　真人 (たきうら・まさと)

執筆章→ 2・4～7・9・11～13・15

- 1962 年　岩手県生まれ。小学校から高校まで，仙台で育つ。
- 1985 年　東京大学文学部言語学専修課程卒業
- 1988 年　東京大学大学院人文科学研究科修士課程言語学専攻修了
- 1992 年　同　博士課程中退
- 1992 年～　共立女子短期大学専任講師～助教授，麗澤大学助教授～教授を歴任
- 2013 年～　放送大学教養学部・同大学院文化科学研究科教授

主な著書

『お喋りなことば』（小学館，2000 年）

『日本の敬語論　ポライトネス理論からの再検討』（大修館書店，2005 年）

『ポライトネス入門』（研究社，2008 年）

『山田孝雄　共同体の国学の夢』（講談社，2009 年）

『日本語は親しさを伝えられるか』（岩波書店，2013 年）

『日本語リテラシー（'16）』（放送大学教育振興会，2016 年）

〈以上単著〉ほか

大橋　理枝（おおはし・りえ）

執筆章→1・3・8・10・13・14

1970年　京都府に生まれ，東京で育つ。
1993年　東京大学文学部英語英米文学科卒業
1995年　東京大学大学院総合文化研究科言語情報科学専攻修士課程修了
2000年　ミシガン州立大学コミュニケーション学科博士課程修了（Ph. D.）
2001年　東京大学大学院総合文化研究科言語情報科学専攻博士課程単位取得満期退学・助教授として放送大学勤務
現在　　放送大学教授

主な著書・論文
『音を追究する』（共著，放送大学教育振興会，2016年）
『色と形を探究する』（共著，放送大学教育振興会，2017年）
『異言語との出会い―言語を通して自他を知る―』（共著，放送大学教育振興会，2017年）
『耳から学ぶ英語』（共著，放送大学教育振興会，2018年）
『コミュニケーション学入門』（共著，放送大学教育振興会，2019年）
「小学校・中学校の国語科指導要領にみる学びの型：平成20年版と平成29年版の項目対応を踏まえて」『放送大学研究年報』第36号，113-126（2018年）

放送大学教材　1234307-1-1511（テレビ）

日本語とコミュニケーション

発　行　　2015年3月20日　第1刷
　　　　　2021年2月20日　第5刷
著　者　　滝浦真人・大橋理枝
発行所　　一般財団法人　放送大学教育振興会
　　　　　〒105-0001　東京都港区虎ノ門1-14-1　郵政福祉琴平ビル
　　　　　電話　03（3502）2750

市販用は放送大学教材と同じ内容です。定価はカバーに表示してあります。
落丁本・乱丁本はお取り替えいたします。

Printed in Japan　ISBN978-4-595-31543-5　C1381